T0146525

EL CUARTO CEREBRO:

UNA FORMA DIFFERENTE DE VIVIR

MÁS ALLÁ DE LA INTELIGENCIA EMOCIONAL

GINA BRIBANY

BALBOA.
PRESS

A DIVISION OF HAY HOUSE

Puede hacer pedidos de libros de Balboa Press en librerías o poniéndose en contacto con:

Balboa Press
Una División de Hay House
1663 Liberty Drive
Bloomington, IN 47403
www.balboapress.com
1 (877) 407-4847

Información sobre impresión disponible en la última página.

ISBN: 978-1-9822-2656-5 (tapa blanda)
ISBN: 978-1-9822-2657-2 (libro electrónico)

Fecha de revisión de Balboa Press: 04/18/2019

RECONOCIMIENTO DEL AUTOR

Sin las experiencias y el apoyo de mi familia, amigos y colegas, este libro no existiría. Gracias a mi madre y mi padre por darme la vida. Gracias a mi hermana Dalia y mi hermano Jhon por enseñarme la importancia de vivir en el momento presente. Gracias a Victoria Rueda por su apoyo y motivación. Gracias a Kevin Panameno por enseñarme la importancia de desaprender para evolucionar. Gracias a mis clientes que me permitieron usar sus historias para el libro. A todos los individuos de los que he tenido la oportunidad de aprender, quiero darles las gracias por ser la inspiración para el modelo de inteligencia original. Gracias, más por favor.

CONTENTS

INTRODUCCIÓN

La visión solo vendrá cuando uno pueda mirar
su corazón. El que mira afuera sueña, el que
mira adentro despierta. Carlos Jung

Saber algo nuevo e innovador no nos hace más inteligentes. Ser inteligentes tampoco radica simplemente en nuestra capacidad de elegir conscientemente las mejores opciones para alcanzar los mejores resultados. A diferencia de lo que se creía anteriormente la inteligencia no necesariamente debe responder a la lógica común porque existen otras lógicas que no hemos terminado de descubrir ni comprender, y si nos limitamos a seguir lo conocido la innovación desaparecería.

Dependiendo de qué tipo de inteligencia estemos hablando, saber qué hacer en un momento determinado para adquirir lo que verdaderamente necesitamos es una inteligencia, pero hacernos a un lado, permitir que las cosas fluyan y dejar de creer que debemos controlarlo todo, es otro tipo de inteligencia.

Existen mecanismos para alcanzar resultados temporales que no son lo que verdaderamente estamos buscando. Por ejemplo: podemos lograr una estrategia racional para adquirir una casa nueva, un auto nuevo, un nuevo trabajo, creyendo que la casa y el auto nos traerán mayor felicidad y que en el nuevo trabajo nos sentiremos mucho mejor y terminaremos con los problemas interpersonales.

Sin embargo, tenemos la inteligencia para adquirir la casa, el auto y un nuevo trabajo, pero no necesariamente la inteligencia para adquirir lo que verdaderamente necesitamos, crecer emocionalmente y superar los conflictos para sentirnos felices y completos. Así es como cambiamos de trabajo, pero continuamos teniendo el mismo tipo de jefe, cambiamos de pareja, pero continuamos atrayendo el mismo tipo de conflictos.

Este libro es una invitación a vivir desde la coherencia, bajo el despertar de un nuevo nivel de consciencia que se eleva mediante la práctica de ciertos principios biológicos y energéticos que regulan nuestra interacción con el mundo interno y externo. Vas a conocer los cuatro cerebros que poseemos y su estilo de vivir para traer consciencia sobre nuestro potencial de elección y creación. Al aprender cuándo y cómo se activan estos cerebros podrás desarrollar otra inteligencia y forma de vivir.

Estas a punto de descubrir una forma de inteligencia que trasciende las limitaciones de la personalidad, del ego y del cuerpo, yendo incluso más allá de la inteligencia emocional. Esta inteligencia está emergiendo a partir del cuarto cerebro que ha sido descubierto por el Dr, John A. Armour, "El cerebro del corazón".

El corazón humano empieza a latir antes de que se forme el cerebro y mucho antes de que se forme el feto completo. Anteriormente nos preguntábamos qué provocaba esos latidos y de dónde provenía esa inteligencia para iniciar y regular los latidos del corazón de ese pequeño ser que apenas comienza a formarse. Ahora se ha descubierto que el corazón tiene su propio cerebro e inteligencia, además que envía más señales, al cerebro de la cabeza, de las que recibe.

Por eso considero que el corazón es en realidad el primer cerebro, aunque no el más rudimentario, porque a diferencia de los otros tres, el cerebro del corazón posee una inteligencia cósmica, universal, original; que va más allá de nuestra total comprensión.

Cómo seres humanos tenemos necesidades, aspiraciones, sueños y pesadillas. Aunque para muchos cueste trabajo aceptarlo, somos los hacedores de nuestro destino. Para desarrollar esta nueva inteligencia es importante tomar consciencia y reconocer, que las elecciones que hacemos corresponden a nuestras necesidades conscientes o inconscientes. Como decía Carlos Gustavo Jung:

"Aquellos que no aprenden nada de los hechos desagradables de sus vidas, fuerzan a la conciencia cósmica a que los reproduzca tantas veces como sea necesario para aprender lo que enseña el drama de lo sucedido. Lo que niegas, te somete, lo que aceptas, te transforma."

"La jerarquía de las necesidades" de Maslow, nos da un punto de partida importante. Tenemos cinco necesidades o motivadores que van en el siguiente orden ascendente: las necesidades básicas o fisiológicas, las necesidades de seguridad y protección, las necesidades de afiliación o afecto, las necesidades de reconocimiento, y por último la necesidad de autorrealización. Maslow afirmó que todos aspiramos a suplir estas necesidades.

Sin embargo, cuando la necesidad inmediatamente anterior no ha sido satisfecha, al menos hasta cierto nivel, la siguiente se hace más retadora de alcanzar y no podemos centrar nuestra atención y esfuerzo en la siguiente necesidad a menos que hayamos podido satisfacer la anterior. Todos podemos estar atorados en una o varias de estas necesidades básicas o de supervivencia y no saberlo. De esta forma, podemos tener problemas para intimar y establecer relaciones armoniosas, para satisfacer el reconocimiento, la confianza, el éxito y la autorrealización que se convierten en un reto de vida constante por ser necesidades superiores.

Si bien, como decía Maslow, todos tenemos estas necesidades, su jerarquía no es fija y puede variar según la cultura, la educación, las creencias y el sistema de valores de cada individuo o clan familiar. Al igual que la felicidad es subjetiva e independiente de necesidades y estereotipos culturales; la autorrealización aún es posible ante carencias materiales o de orden básico, si se poseen motivadores espirituales o una coherencia y conexión de un orden que trasciende lo personal; es decir una consciencia de orden transpersonal.

En algunos experimentos con gente que ganó la lotería y otros que fueron encarcelados, se determinó que al cabo de un año estas personas regresaban al mismo nivel de felicidad que tenían antes de ganar la lotería o de haber sido encarcelados, esto ocurre porque tendemos a regresar a nuestro nivel predeterminado de felicidad independientemente de nuestras circunstancias. Lo que nos produce felicidad termina siendo otra creencia.

Podemos entonces reconocer que, si bien las necesidades fisiológicas nacen con nosotros, las otras necesidades las construimos a partir de nuestras interacciones familiares, culturales y sociales. También podemos heredar una necesidad o creer que tenemos una. Al reconocer la necesidad y de donde viene podemos cortar con las conexiones y los lazos que nos unen a esas necesidades creadas o heredadas. A estas necesidades también se le pueden llamar programas mentales, los cuales pueden ser heredados de generación en generación.

Nuestro trabajo de inteligencia está en identificar en qué necesidad estamos atorados y de donde viene o cómo se generó; una vez que entendemos esto, las satisfacemos o dejamos de creer en ellas y las desmitificamos. Una vez satisfechas, las necesidades dejan de actuar como motivadores y el patrón de comportamiento cambia al igual que el inconsciente y lo que trae consigo a nuestro alrededor.

Recordemos que son las necesidades insatisfechas las que generan comportamientos indeseados en nosotros, pues dependiendo de la necesidad en la que estemos anclados depende el tipo de cerebro que estamos utilizando, el cual satisface la necesidad aunque generalmente el resultado solo sea un placebo en donde se tiene la sensación de haber alcanzado algo, cuando en realidad nos seguimos perpetuando en la misma necesidad por el simple hecho de no saber qué es lo que verdaderamente estamos buscando a través de cada actitud y acción que realizamos. Cabe añadir que cada cerebro tiene su propia inteligencia y resultados.

Comencemos entonces nuestra exploración de los cuatro cerebros y sus cuatro formas de vivir; pero antes quiero hacerte una pregunta: ¿he creado en ti la necesidad de leer lo que viene a continuación?

CAPÍTULO 1

LOS CUATRO CEREBROS Y SU ESTILO DE VIDA

En cada uno de nosotros coexisten tres fuerzas distintas: una que piensa, otra que siente y otra que somos. Éstas constituyen la base de la coherencia y felicidad en el ser humano. Como Mahatma Gandhi decía: *"Felicidad es cuando lo que piensas, lo que dices y lo que haces, está en armonía"*. Los primeros tres cerebros hacen parte de lo pensamos y lo que sentimos, mientras que el cuarto cerebro hace parte de lo que somos.

El neurocientífico norteamericano Paul MacLean propuso en 1970 "la hipótesis del cerebro triple", en la cual explicó que teníamos tres cerebros en lugar de uno solo. La descripción de estos tres cerebros, su evolución y funcionamiento nos ayudarán a comprender las primeras tres formas de vivir la vida.

En el núcleo se encuentra el cerebro más primitivo de los tres, llamado cerebro reptiliano; este es el encargado de controlar las funciones más vitales del cuerpo como la respiración, la temperatura del cuerpo y el balance. Se le llama reptiliano porque posee las mismas estructuras encontradas en el cerebro de reptiles; el tallo cerebral y el cerebelo. Este cerebro es el que refleja nuestras cuatro conductas motivadoras o instintivas más básicas de nuestra supervivencia; tales como la lucha, la huida, la alimentación, y la sexualidad o reproducción. En inglés se les conoce como: The four F`s: fighting, fleeing, feeding and fucking.

Desde mi análisis el estilo de vida reptiliana es rígido, básico y compulsivo. La personalidad reptiliana busca la supervivencia y satisfacer las necesidades más básicas; generalmente estas personas actúan desde uno o varios de estos cuatro motivadores que son activados por experiencias traumáticas o no resueltas de la niñez en las cuales se han sentido en riesgo, desprotegidos, abandonados o rechazados.

Algunos ejemplos extremos de actitudes reptilianas son: la guerra, la paranoia, la xenofobia, el fanatismo, el narcicismo, el racismo, el clasismo, la violencia y la discriminación.

Sin embargo, los ejemplos más comunes de las actitudes reptilianas que son más aceptadas socialmente y en las cuáles todos caemos sin ser conscientes de ello son: La generalización, los juicios de valor, la defensiva, la manipulación, el enojo, subir el tono de voz, mentir, controlar y aparentar. En su lado más positivo la personalidad reptiliana podría verse en aquellas personas que consideramos se conforman con poco; con solo tener qué comer y un techo, están bien, no poseen aspiraciones, ni sueños, solo sobreviven el día a día.

El cerebro reptiliano regula las funciones fisiológicas involuntarias de nuestro cuerpo y es el responsable de la parte más primitiva de reflejo-respuesta. No piensa ni siente emociones, sólo actúa cuando nuestro cuerpo se lo pide tal como el control hormonal y de la temperatura, hambre, sed, motivación reproductiva y la respiración.

Por encima del reptiliano, tenemos el segundo cerebro, el cerebro límbico, almacén de nuestras emociones y recuerdos. En él se encuentra la amígdala, considerada la base de la memoria afectiva. Entre las funciones y las motivaciones del límbico están; el miedo, la rabia, el amor de nuestros padres, las relaciones sociales y los celos. El estilo de vida límbica es intenso, sensible y hasta dramático. Todo puede afectar a una persona de personalidad límbica negativa, se pueden tomar todo a pecho, pueden ser rencorosos, nerviosos, indecisos depresivos y ansiosos pues se sienten atacados frecuentemente por su entorno o por otros a quienes asocian con personajes de su pasado. Estas personas suelen presentar alergias de diferentes tipos como manifestación física de su actitud hipersensible. En el lado positivo, también podemos encontrar personas extremadamente sensibles emocionalmente que sienten empatía y conectan fácilmente con las emociones de otros, sin embargo si se quedan mucho tiempo en este cerebro no podrán trascender la emocionalidad.

Después, tenemos el tercer cerebro, el neocórtex o cerebro racional, que es el cual permite tener conciencia y controla las emociones, a la vez que desarrolla las capacidades cognitivas: memorización, concentración, auto-reflexión, resolución de problemas, habilidad de escoger el comportamiento adecuado, en otras palabras, es la parte consciente de la persona, tanto a nivel fisiológico como emocional. El estilo de vida racional, como su nombre bien lo dice, es calculado, ecuánime. Una persona con personalidad racional es calculadora, quiere encontrar explicaciones racionales a todo lo que ve o experimenta, pueden ser incrédulos, pragmáticos, reprimen sus emociones, aborrecen el drama y llevados al extremo pueden ser insensibles o cortos de empatía.

Buena parte de la responsabilidad en conseguir un estado de salud integral recae en la estructura llamada amígdala del cerebro límbico, que condiciona nuestros sistemas ejecutivos y de autocontrol emocional del neocórtex (racional), a la vez que condiciona nuestra salud física (reptiliano). Cuando el estrés se apodera de nosotros, la amígdala se activa, no funciona con normalidad y esta alteración provoca que el cerebro no procese adecuadamente la información sensorial que le llega a través, principalmente, del oído, y de otros sentidos. Es entonces cuando reaccionamos con impulsividad y bloqueamos las funciones del neocórtex o cerebro racional; la capacidad de resolver problemas y de tener autocontrol emocional, que influye negativamente en nuestro bienestar y, en consecuencia, en nuestro rendimiento y relaciones interpersonales.

Aunque esos cuatro instintos de alimentación, lucha, huida y sexualidad, antes mencionados, hacen parte de nuestra naturaleza humana, la evolución ha creado nuevos motivadores más sofisticados que responden a las situaciones y retos del mundo de hoy. Sin embargo, todos podemos activar estos instintos ante circunstancias extremas. El reto está en activarlos y desactivarlos y no permitir que se conviertan en nuestro estilo de vida. Nuestra interpretación de la realidad juega un papel definitivo. Somos nosotros quienes adjudicamos valor y significado a las cosas que nos suceden, y ese significado es una decisión continua que determina cuáles de nuestros instintos o motivadores se activarán, dando como resultado una serie de comportamientos y actitudes desde lo fisiológico hasta lo psicológico.

El cuarto cerebro es el cerebro del corazón. El neurólogo canadiense Dr. Andrew Amour descubrió una sofisticada colección de neuronas en el corazón, organizadas con un complejo sistema nervioso independiente, que posee alrededor de 40 mil neuronas llamadas neuritas sensoriales que se comunican con el cerebro de la cabeza. Más adelante explicaré en mayor detalle las características del cerebro del corazón, pero por ahora me enfocaré en describir su personalidad.

La personalidad del corazón es compasiva, amorosa, respira en armonía, se siente parte de un todo, no culpa, sino que busca alternativas y soluciones, busca el lado positivo de las cosas, es optimista, alegre y colaboradora, toma responsabilidad de sus actos, y está en conexión con su interior y su propósito de vida; el cual expresa con facilidad. Son sinceros, respetuosos y no se resisten a los retos, fluyen durante situaciones retadoras. Son estables y gozan de autoconfianza.

El Origen De Las Emociones

Si estuvieras en una excursión ecológica en una selva tropical y de repente una pantera se comenzará a dirigir hacia ti, ¿qué harías? tu instinto de supervivencia seguramente te diría que estas en peligro, que corrieras, que te alejaras, he instintivamente y sin darte cuenta la sangre de tu cuerpo se concentraría en tus piernas y brazos con la intención de prepararte para correr o enfrentar al animal, si es el caso. La amígdala entra en un estado de emergencia al identificar el peligro y en solo segundos cambia toda nuestra fisiología para conservar nuestra integridad física. Nuestros brazos y piernas adquieren niveles de fuerza y rapidez anormales para poder correr, saltar y pelear de formas inusuales pero que buscan nuestra supervivencia. Al sentir el miedo la amígdala se encarga entonces de enviar niveles elevados de sangre, oxigeno, adrenalina y glucosa a determinadas partes de nuestro cuerpo. Los órganos menos involucrados en este acto de supervivencia enviarán la sangre a los que sí lo necesitan y nuestra boca y estómago por ejemplo, quedarán con poca sangre, al igual que los órganos reproductivos, pues en este momento crítico de emergencia, no pensamos en comer ni en reproducirnos. Tan solo reaccionamos para sobrevivir al depredador.

La neurología ha encontrado que la primera región cerebral por la que pasan las señales sensoriales procedentes de los ojos o de los oídos es el tálamo, que se encarga de distribuir los mensajes a las otras regiones del cerebral. Una vez allí, las señales son dirigidas al neocórtex, donde la información es ponderada mediante diferentes niveles de circuitos cerebrales, para tener una noción completa de lo que ocurre y finalmente emitir una respuesta de acuerdo a la situación. El neocórtex analiza la situación y acude a los lóbulos prefrontales para comprender y organizar los estímulos, en orden a ofrecer una respuesta analítica y proporcionada, enviando luego las señales al sistema límbico donde se encuentra la amígdala para que ésta produzca las respuestas hormonales necesarias.

Aunque así es como funciona nuestro cerebro la mayoría del tiempo, Joseph LeDoux descubrió que existe una pequeña estructura neuronal o atajo, que comunica directamente al tálamo con la amígdala. Esta vía más corta, permite que la amígdala reciba algunas señales directamente de los sentidos y dispare una secreción hormonal que determina nuestro comportamiento, antes de que esas señales hayan sido registradas por el neocórtex, lo cual es extremadamente beneficioso en caso de estar siendo atacados por un depredador como un tigre o una culebra.

Sin embargo, este mecanismo de supervivencia no se activa únicamente ante los depredadores o ante una amenaza a nuestra integridad física. ¿Qué harías si estás en tu trabajo y aquella persona que te hace sentir amenazado, humillado, poco valorado y/o atacado se acercara a ti? Tu instinto de supervivencia también se activaría y la amígdala en el cerebro mandaría señales al resto del cuerpo para ponerte a la defensiva antes de que la interacción comience. Sentirás quizás una ligera presión en el estómago y tu rostro se tensionaría buscando disfrazar lo que verdaderamente sientes.

A pesar de ello, este mecanismo de supervivencia aunque beneficioso en la mayoría de los casos, puede generar efectos secundarios cuando no se supera el estado de emergencia; Es decir, cuando nos sentimos amenazados o atacados constantemente que es parte del estilo de vida límbico. Una respuesta de supervivencia constante y sostenida de la amígdala puede desarrollar lo que se conoce como secuestro amigdalino, en el que vamos a experimentar dificultades para pensar con claridad, para tomar decisiones eficientemente, he incluso dificultades para memorizar o aprender cosas nuevas. Esto lo conocemos más comúnmente como estrés postraumático o un estrés continuo. Cuando estamos sometidos a este tipo de estrés, cuando no nos sentimos valorados, apreciados y en cambio nos sentimos amenazados, con miedo a perder el trabajo, miedo a perder una relación o a que nuestra imagen se vea afectada; comenzamos a experimentar la respuesta fisiológica de la amígdala sostenida que se manifiesta en muchos desordenes de salud tales como las úlceras gastroduodenales, indigestión, colitis, alergias en la piel, catarros, he infecciones debido a que nuestro sistema de defensa disminuye notablemente, y cómo no lo haría si se encuentra trabajando las veinticuatro horas para protegernos de lo que consideramos una amenaza.

Otro escenario en el que podemos sufrir un "secuestro amigdalino" es cuando sufrimos pérdidas que generan un periodo de duelo. Es un proceso por el que todos tenemos que pasar en algún momento de nuestras vidas, la pérdida de un ser querido, de un trabajo, de un lugar o de un objeto valioso como una propiedad. Es un proceso que aunque doloroso, eventualmente puede ser superado. Sin embargo, al comienzo la pérdida puede generar el exceso de cortisol debido al estado de shock y estrés en el que entramos, nos resistimos a aceptar lo que está pasando, nos sentimos aturdidos, pasamos por el enojo, la culpa, el nerviosismo, el miedo y podemos experimentar desanimo, perdida de motivación, letargo, tristeza y ansiedad. Esto se debe a que la hormona llamada "dopamina" que se encarga de mantener nuestra motivación, ánimo y felicidad, disminuye a sus niveles más bajos durante este "secuestro". Nuestro cuerpo entra en un desbalance y el impacto que genera varía dependiendo de qué tan importante sea esa pérdida para nosotros.

El otro problema que esto genera en nuestra vida actual es que la amígdala ofrece respuestas inmediatas que no tienen en cuenta el contexto de la situación, sino que se limita a asociar situaciones sociales o interpersonales con los recuerdos emocionales que tiene almacenados y provee repuestas exageradas que anteriormente utilizaba cuando éramos amenazados por un depredador, cuando lo que realmente está aconteciendo es que estamos tan solo teniendo una conversación con nuestra suegra.

Nuestro Mecanismo De Adaptación

Si te pidiera que imaginaras que te ves forzado a vivir en un país completamente desconocido con otro lenguaje, costumbres, leyes, clima y alimentos que no conoces, ¿qué sentirías? A lo mejor suena como una aventura para algunos, pero seguramente te generaría incertidumbre.

El mecanismo de adaptación a diferencia del de supervivencia se activa cuando nos enfrentamos al cambio y a la incertidumbre. Cuando sufrimos un impacto traumático o cuando nuestra integridad física o psicológica se ve amenazada, se activa el mecanismo de supervivencia, pero cuando nos enfrentamos al cambio, a lo desconocido y a las incertidumbres que vienen con ese cambio, se activa el mecanismo de adaptación. Este mecanismo de adaptación lo fuimos desarrollando a raíz de cambios drásticos en la naturaleza, tales como pérdida o escasez de alimentos, la resequedad de la tierra que hizo que cambiáramos nuestra alimentación a una carnívora y así nos adaptamos a los cambios de clima y otras circunstancias del ambiente. Lo curioso es que aunque los tiempos y nuestro entorno han cambiado, continuamos utilizando los mismos mecanismos de supervivencia y adaptación para situaciones desconocidas que no hemos enfrentado antes, pero que por el hecho de ser nuevas y generar incertidumbre nos parecen amenazantes y actuamos como animales, somos territoriales, marcamos territorios con palabras, amenazamos y condicionamos a los otros, peleamos por adquirir poder y pertenecemos a tribus a las que somos fieles por miedo a ser desterrados y vivir la suerte de nuestros ancestros, los cuáles eran presa fácil para los depredadores cuando se encontraban solos. Todo esto está trabajando inconscientemente en nuestro comportamiento y elecciones diarias.

Cada mecanismo tiene un propósito diferente, el uno nos sirve para sobrevivir, el otro para adaptarnos. En ocasiones cometemos el error de utilizar el mecanismo incorrecto o lo utilizamos en exceso. Si activáramos el mecanismo de supervivencia frente al cambio nos sería imposible adaptarnos. Correr, huir, defendernos o quedarnos paralizados puede ser útil frente a depredadores, pero tiene un efecto nefasto frente al cambio, esto es lo que hace que nos paralicemos, nos aturdamos, nos estresemos, y por consiguiente no podamos tomar decisiones eficientes cuando el cambio nos resulta tan amenazante que nos sentimos en riesgo y entramos en estado de supervivencia. Por otro lado, si utilizamos la creatividad, la introspección, tiempo para explorar e ir tomando decisiones, que son características del mecanismo de adaptación, frente a un depredador seríamos rápidamente la cena de navidad de esa especie inferior.

El mecanismo de adaptación es radicalmente distinto al de supervivencia. Requiere desarrollar nuevas capacidades mentales para superar retos y mejorar procesos que nos faciliten la adaptación al entorno en que vivimos. Esto implica que desarrollemos niveles elevados de atención para poder observar con mayor claridad y precisión lo que ocurre a nuestro alrededor. La toma de consciencia y la atención desarrolla la creatividad y nuestra capacidad de generar nuevos recursos y optimizar los que ya se tienen. No es fortuito que la vida nos presente con innumerables retos como especie, pues es lo que nos mantiene despiertos, motivados e ilusionados con lo que podemos llegar a ser. De aquí la importancia de tener aspiraciones, pues al no tenerlas, nuestra vida pierde sentido alguno. Necesitamos un reto que nos mantenga curiosos, que nos inspire a seguir adelante. Así que, si aún no lo tienes, comienza a construirlo.

Es el mecanismo de adaptación en la corteza cerebral y especialmente la parte más anterior de la misma, la que experimenta una intensificación en su funcionamiento. Estas conexiones neuronales aumentan nuestra concentración para mejorar nuestra capacidad de análisis y creatividad. Las neuronas de la parte del cerebro llamada hipocampo son clave para controlar a la amígdala, de tal manera que no se active en exceso ante la incertidumbre que conlleva el cambio. La activación amigdalina nos llevaría con facilidad a entrar en un estado de pánico y bloqueo, que es lo que ocurre comúnmente cuando escogemos el mecanismo incorrecto al creer que estamos en peligro, sin darnos cuenta de que realmente estamos frente a una oportunidad para crecer. Cuando no aceptamos nuestras circunstancias, cuando nos resistimos al cambio y miramos nuestra realidad con negativismo, automáticamente activamos el mecanismo de supervivencia y es entonces cuando ante la pregunta "¿cómo estás?", algunos responden "sobreviviendo" porque en realidad lo están; pero recuerden, siempre podemos elegir qué tipo de experiencia tendremos; algo que explicaré más adelante.

Con estos condicionamientos biológicos, no es de sorprender que cuando sufrimos un fuerte trauma tras haber sido abandonados, no reconocidos y sometidos a ambientes hostiles y de inseguridad familiar o haber sido abusados, tengamos una reacción desproporcionada cuando nos enfrentemos a un escenario similar o cuando estemos frente a alguien que nos recuerde de alguna forma al agresor.

Imaginen lo mucho que esto puede condicionar nuestra inteligencia emocional, cuando la mayoría de los recuerdos emocionales más intensos, que se encuentran almacenados en la amígdala, proceden de los primeros años de vida, de situaciones que no pudimos controlar y que hacen parte de nuestros recuerdos inconscientes. En la mente de un niño existen más conexiones neuronales que en el cerebro de un adulto, esto se debe a que en los primeros cinco años de vida se almacenan enormes cantidades de energía e información proveniente de cada mínima interacción que el niño tenga con el espacio o personas a su alrededor. Todo queda registrado, interpretado y almacenado, desde un simple intercambio de miradas o un abrazo, hasta la indiferencia y la falta de contacto físico o verbal. Por esta razón es tan importante hablarles a los niños y explicarles los acontecimientos familiares para que ellos no hagan conjeturas o saquen sus propias conclusiones ante el silencio. El silencio y los secretos familiares crean cadenas de programas que se heredan con consecuencias nefastas. Creemos que al esconder los incidentes familiares e historias indeseadas o vergonzosas estamos protegiendo al niño de aprenderlas o resentirlas, cuando en realidad lo que estamos haciendo es perpetuarlas en nuestro árbol genealógico generación tras generación, porque el niño recibe la información del ambiente a través de lo que observa y percibe y desarrolla programas mentales que lo limitan inconscientemente.

Podemos concluir entonces que es la toma de consciencia, la aceptación y la resignificación de los retos, como oportunidades para crecer y avanzar, lo que nos permite encontrar nuevos caminos y alternativas para salir adelante y triunfar. Si centramos nuestra atención en no ser atacados, no ser heridos, no ser engañados o en no fallar, es decir, nos enfocamos en lo que NO queremos que suceda y en evitarlo a toda costa; entonces nuestro mecanismo de supervivencia se activa, nos vuelve hostiles, disminuye nuestras capacidades de interacción social, perdemos energía y nos quedamos solos y amargados. En cambio, cuando nos enfocamos en lo que deseamos alcanzar, en lo que queremos que suceda, en lugar de centrarnos en lo que queremos evitar, nuestra bioquímica cambia al igual que nuestras capacidades mentales y anímicas para superar los obstáculos y retos del día a día, obtenemos mejores resultados y nuestra vida cambia positiva y significativamente.

Quiero enfatizar que no estoy simplemente hablando desde un discurso positivista. Estudios de la neurología han comprobado que cuando sostenemos un dialogo interno negativo en el que decimos cosas tales como: no seré capaz, estoy perdido, nunca podré superarlo, es demasiado para mí, no resisto más, etc. Este dialogo negativo activa las mismas partes del cerebro que se activan cuando sentimos que estamos a punto de morir. Lo que esto desencadena es que las partes encargadas de la creatividad, de la resolución de problemas, nuestra capacidad analítica y recursiva no reciba suficiente riego sanguíneo. Es decir, cuando cultivamos pensamientos negativos bloqueamos nuestra capacidad de solucionar retos y dificultades, renunciamos a nuestra capacidad de ver las cosas tal como son por estar pensando en lo que puede pasar en el peor de los escenarios.

Dr. Bandura, catedrático de Psicología de la Universidad de Stanford, demostró que cuando se transmite una confianza en la capacidad que tenemos nosotros, y otras personas, a la hora de hacer frente a los desafíos y las dificultades, se liberan en la sangre una serie de hormonas llamadas neuropéptidos. Estas hormonas son capaces de inhibir a la amígdala para que no se active y no nos bloquee, permitiéndonos pensar con claridad y lucidez para tomar mejores decisiones.

Esta confianza es una inteligencia que nos permite esperar lo mejor; si somos optimistas y confiamos en nuestras capacidades, y las de otros, para resolver cualquier circunstancia que se presente en nuestra vida, eso estará creando el ambiente perfecto para que nuestra inteligencia mental responda positivamente. El miedo puede aparecer y no se trata de evitarlo, se trata de dejarlo quieto y enfocarnos en nuestras fortalezas, entonces el temor desaparecerá por inanición cuando la confianza se afiance en nosotros.

CAPÍTULO 2

CREANDO COHERENCIA

En ambas situaciones descritas anteriormente nuestro instinto de supervivencia o de adaptación, trabaja a través de escenarios y experiencias propias o de nuestros ancestros, las cuales han sido grabadas e incorporadas en nuestra mente y que son recordadas y activadas por su similitud con las actuales, pero sobre todo son activadas por nuestras interpretaciones y emociones.

Como todos sabemos por experiencia, cuando tomamos decisiones los sentimientos cuentan tanto o más que el mismo pensamiento, aunque muchos quieran evitarlo como fue el caso de Charles Darwin, el padre de la teoría de la evolución, quién a los 28 años de edad se hizo la pregunta de si debía casarse o mejor dedicarse a la investigación. Darwin tenía una mente tan analítica que tomó una hoja de papel, que aún se conserva, trazó dos columnas y en la de la izquierda escribió todos los argumentos que se le ocurrieron a favor del matrimonio y en la de la derecha, escribió todas las razones que él veía en contra. Sus razones en contra del matrimonio fueron: "no tener libertad para ir a donde él quisiera", "menos tiempo para conversar con hombres inteligentes en el club", "tener más gastos y la ansiedad de los niños", "no poder leer en las noches" o "menos dinero para libros". Y las razones a favor del matrimonio eran, "hijos" o "compañía constante y amistad en la vejez". Después de analizar los pros y contras, Darwin finalmente concluyó que era mejor quedarse solo y dedicarse a la investigación.

Sin embargo, lo que Darwin no sabía era que el corazón era más inteligente que él y lo iba a hacer cambiar de decisión tan pronto como se encontrara con Emma Wedgewood, su prima hermana, de quien se enamoró irremediablemente. Emma se convirtió en el gran amor de su vida y tuvieron 10 hijos. A pesar de que Darwin había tomado una decisión racional de no casarse y quedarse solo, uno de los cuatro cerebros tomó decisiones por él, las cuales iban mucho más allá de la racionalidad, pasaban por la intuición y la fuerza del amor.

Darwin es el claro ejemplo de cómo las decisiones que tomamos no se rigen únicamente por la lógica y la razón, sino que por el contrario nuestras decisiones son primero intuitivas y luego las racionalizamos y las justificamos, aunque pensemos lo contrario. Paradójicamente la inteligencia de un hombre comúnmente no se valora por sus intuiciones si no por sus raciocinios. Las intuiciones son atajos que nuestro cerebro usa para tomar decisiones más rápidamente.

En el libro "The Righteous Mind: Why Good People Are Divided by Politics and Religion", Jonathan Haidt plantea que la intuición sucede primero y el razonamiento estratégico sucede después. Haidt respalda esta idea con múltiples experimentos sociales donde planteando los mismos escenarios a diferentes grupos étnicos, por ejemplo, pudo demostrar que el juicio que cada persona hace está determinado por sus creencias, ideologías, cultura y grupo social al que pertenezca. Sus estudios también afirman que una vez que tomamos partido o adoptamos una ideología nos volvemos ciegos a los otros argumentos y buscamos por todos los medios de justificar lo que hemos decidido y de defender el grupo al que pertenecemos porque nos garantiza seguridad, pertenencia, estatus y demás aspectos de nuestra necesidad social. Así es cómo nos volvemos irracionales y nuestros instintos de supervivencia toman la dirección de nuestras actuaciones.

Un gran paso hacia el desarrollo de una nueva inteligencia es ser conscientes de que el mundo que vemos no es real. Nada de lo que observamos, de lo que escuchamos y de lo que percibimos es real. No lo es porque está filtrado e interpretado a través de nuestros sentidos. Debemos ser conscientes de que nuestras emociones solo responden a nuestra interpretación de esa realidad. Hay ocasiones en las que nos podemos sentir en un callejón sin salida, completamente convencidos de estar en un gran problema y sin opción alguna, cuando esto sucede es porque nuestro cerebro nos engaña, fabrica emociones a partir de historias que teje en presencia de elementos amenazantes o seductores, nuestra mente asume cosas, interpreta partes inconclusas de la información y saca conclusiones rápidamente para confirmar la historia que hemos creado, proyecta nuestro futuro completando la información faltante con información del presente y nos lo muestra con tal vehemencia que nos lo creemos.

Por eso para proyectarnos a futuro y visualizarnos en unos años, de manera más eficaz, es indispensable adquirir coherencia interior, donde no se trata tanto de decir lo correcto a la persona correcta, en el momento correcto y de la manera correcta, sino más bien de que lo que piense, lo que sienta, lo que diga y lo que haga estén en coherencia. Y esto acarrea una gran diferencia. No es lo mismo entrenarnos para controlar nuestras emociones y pensamientos para poder expresar algo de manera más adecuada y respetuosa; que trascender la emoción inmediata y los juicios para expresar lo que verdaderamente pienso y siento. Por ejemplo, si se trasciende la emoción de no sentirse reconocido, se puede descubrir de fondo la emoción de no sentirse lo suficientemente bueno y en ese momento podemos tomar responsabilidad de lo que nos pasa y dejar de proyectarla en el exterior, victimizándonos.

La realidad se forma en nuestro cerebro, todo se forma ahí dentro. Espacios, olores, frío, calor, personas, distancia, tristeza, alegría... todo está en la cabeza, y lo de fuera podría ser absolutamente diferente a lo que percibimos, el mundo sólo está dentro de nosotros. Las condiciones son las mismas, pero la subjetividad es diferente, todo momento negativo o positivo, más o menos intenso, es en definitiva una interpretación subjetiva nuestra. Por lo tanto, entre más auto-consciencia tengamos menos tendremos que controlar o administrar.

Comprendiendo Nuestras Emociones

Hacia fines del siglo XIX Charles Darwin, William James y Sigmund Freud, plasmaron extensos escritos acerca de diferentes aspectos de la emoción, otorgándole un lugar privilegiado en el discurso científico. Durante la mayor parte del siglo XX el laboratorio desconfió de la emoción. Se decía que era demasiado subjetiva, esquiva y vaga. Se la juzgó como antagónica a la razón, considerada la habilidad humana por antonomasia e independiente de la emoción. La ciencia del siglo XX esquivó el cuerpo y mudó la emoción al cerebro, pero la relegó a los estratos neurales más bajos, asociados con ancestros que nadie respetaba. En ese momento, no sólo la emoción era irracional, incluso estudiarla tal vez fuera irracional. Tardamos muchísimos años para que las ciencias cognoscitivas y la neurociencia aceptaran la emoción como un elemento determinante e igualmente importante a la lógica.

Las evidencias científicas lo confirman. La psicóloga y especialista en neurociencia y desarrollo humano Mary Helen Immordino-Yang, quien estudió las bases fisiológicas, psicológicas y neuronales de las emociones sociales, la autoconsciencia y la cultura, afirma que las emociones son extremadamente importantes en la toma de decisiones porque tienen un componente primordial para determinar si la situación implica un riesgo o si podemos estar en peligro. Ella Plantea incluso que la reducción selectiva de la emoción hará que las decisiones que tomemos sean mucho peores, y lo respalda con estudios realizados a pacientes con daño cerebral en áreas donde han disociado las emociones de la toma de decisiones y esto ha llevado a los pacientes a tener trastornos psicopáticos, dañando significativamente su capacidad de tomar decisiones eficientemente. Por consiguiente, el objetivo no es reprimir nuestras emociones ni tratar de controlarlas sino acogerlas con una actitud de observación, tratando de entender su causa y estando atentos a ese flujo de emociones a medida que las vamos experimentando para entender su origen y poder tomar decisiones más coherentes con nuestro verdadero yo.

La evidencia neurológica demuestra que la ausencia de emociones es un problema. Las emociones están íntimamente relacionadas con la estabilidad y coherencia a la hora de tomar decisiones, donde la razón termina siendo casi la secretaria de las intuiciones y las emociones, pues la razón solo toma la última revisión para asegurarse que hace sentido.

"Es literalmente neurobiológicamente imposible construir memorias, tener pensamientos complejos o tomar decisiones

significativas sin emoción... solo pensamos acerca de aquello que nos importa." Mary Helen Immordino-Yang, from her book, Emotions, Learning and the Brain (p. 8)

Las emociones, desde el punto de vista biológico, tienen un origen justamente en la conservación de nuestra supervivencia, en un inicio adquirimos la capacidad de retener y conservar representaciones visuales básicas de nuestro alrededor, y paulatinamente fuimos grabando en nuestra mente una afluencia de imágenes, que luego llegarían a conformar escenarios específicos. Posteriormente clasificamos dando prioridad a ciertos escenarios, de acuerdo a su utilidad; entre más se repetían en nuestra vida cotidiana, más fácilmente los recordábamos y entre más tuvieren que ver con nuestra supervivencia como especie, adquirían mayor importancia en nuestra memoria y labor para perfeccionarlos. Esto nos diferenciaría de los animales, porque aprendimos pronto que podíamos sobrevivir al comparar, diferenciar y elegir qué hacer en cada escenario, sin tener que modificar drásticamente nuestro cuerpo físico como si lo hacían otras especies.

Así fuimos aumentando nuestro volumen cerebral a medida que almacenábamos más y más escenarios en nuestra experiencia de vida, hasta que llegó un punto en que descubrimos un atajo en la ecuación; nos dimos cuenta que en ciertas situaciones no necesitábamos decidir, sino sencillamente actuar. Este simple atajo hizo que, en la actualidad, cuando estamos frente a un animal salvaje o cuando estamos frente a un peligro inminente no pensemos ni compararemos, sino que actuemos. Nuestro cuerpo desarrolló el sistema nervioso y almacenó estos escenarios en el inconsciente, de tal forma que estas decisiones pasaron a ser nuestros instintos, reflejos y emociones.

De aquí nacen nuestras cinco emociones básicas y su objetivo llamado MATEA según la Psicología Gestal:

- Miedo: el objetivo es la protección y el cuidado.
- Afecto: el objetivo es la vinculación, la conexión.
- Tristeza: el objetivo es el retiro. Cuando sentimos tristeza nuestro organismo nos está diciendo "retírate de ahí y vuelve a estar contigo".
- Enojo: el objetivo es la defensa.
- Alegría: su objetivo es la vivificación. Viene a ser la batería de nuestra existencia.

Si enumeras estas emociones de uno a cinco según la dificultad que tienen para ti, siendo 1 menos dificultad y 5 mayor dificultad para experimentarlas, encontraras las áreas en las que debes trabajar.

Ejemplo:

M (iedo) 1
A (fecto) 2
T (risteza) 4
E (nojo) 3
A (legría) 5

Las emociones que enumeres con 4 y 5 son las áreas a trabajar porque significarían lo siguiente:

M (iedo) Me cuesta trabajo protegerme.
A (fecto) Me cuesta trabajo vincularme.
T (risteza) Me cuesta trabajo estar a solas conmigo.
E (nojo) Me cuesta trabajo poner límites.
A (legría) Me cuesta trabajo la energía y vitalidad.

Entonces existe una fuerza instintiva inconsciente de miles de años influenciando nuestros comportamientos. Y nuestro reto es tomar consciencia de que no solo podemos enfrentar ciertos escenarios de maneras más creativas e inteligentes, decodificar algunas respuestas automáticas, comprender que tenemos nuevos escenarios y que están cambiando constantemente, sino más importante aún, comprender que nosotros mismos somos quienes creamos esos escenarios y que necesitamos un nuevo modelo de interacción con nuestro entorno, un modelo menos reactivo y más proactivo, que no busque competencia sino colaboración, que no busque individualización sino integración, donde tomamos consciencia de que lo que le sucede al otro tiene que ver conmigo, donde reconozcamos la unión en vez de creer en la separación.

Les contaré dos historias que ejemplifican claramente cómo nuestras experiencias tempranas y nuestra historia como humanidad, pueden condicionarnos de tal forma que limitan nuestra autorrealización cuando no somos conscientes de ellas.

Hace dos años comencé a atender a Karla, una joven que quería explorar una terapia para encontrar mayor estabilidad en sus relaciones. Karla creció sin su mamá desde que tenía nueve años. Su madre murió a raíz de ser atropellada por un auto y Karla no hablaba de esto con casi nadie, ni siquiera con su familia; solo dos de sus amistades merecían su confianza para alguna vez haber tocado el tema. Éste era un duelo no resuelto para ella y a medida que la conversación avanzaba ella me dejaba claro que estaba depositando toda su confianza en mí, lo cual era un acto supremamente difícil para ella. En nuestra primera sesión Karla me explicó que ella no confiaba en casi nadie, por no decir que en nadie. Le pregunté por qué y me dijo que para ella era muy difícil confiar en la gente porque la habían defraudado en repetidas ocasiones; en sus propias palabras, la gente utilizaba lo que sabía de ella de manera inapropiada, por eso era muy reservada y en las únicas personas en las que confiaba lo hacía hasta cierto punto. Cuando le pregunté a qué le temía, Karla respondió "no se…. creo que ha sentirme vulnerable". ¿Les suena familiar? ¿Quién quiere sentirse vulnerable? Yo no conozco a nadie que disfrute estar en una situación de vulnerabilidad. Yo personalmente he estado practicando el ejercicio de acoger y aceptar mis vulnerabilidades y no es una tarea fácil; sin embargo, he decidido adoptar esta práctica como parte de mi crecimiento personal ya que últimos estudios de la sociología demuestran que existe un poder latente en aceptar y compartir nuestras vulnerabilidades para sentir que merecemos y ser valorados.

Generalmente pensamos que no queremos ser vulnerables porque tiene una connotación negativa, nos pone en peligro o en desventaja porque puede afectar nuestra imagen. Sin embargo, la vulnerabilidad genera otras emociones positivas como el amor, el sentido de pertenecía, el disfrute y la empatía. Brené Brown profesora e investigadora en la universidad de Houston Graduate Collage of Social Work, a quien admiro y sigo frecuentemente, afirma que estamos en una crisis de empatía en ciertas culturas como en los Estados Unidos y una de las razones es porque en una cultura donde no se permite ser vulnerable difícilmente hay empatía. Necesitamos mostrar nuestras emociones, exponer nuestros fracasos, abrirnos para poder que los otros conecten con nosotros empáticamente, de otra forma no hay una verdadera empatía. La creatividad y la innovación nace de la vulnerabilidad también, no puede haber creatividad sin vulnerabilidad, nos exponemos a cada instante, cada intento a fallar o a ser exitosos.

Karla al igual que nosotros, no sabía esto. Hemos crecido creyendo que no podemos fallar y mucho menos mostrar nuestra sombra o debilidades. Brené Brown descubrió que las personas que tienen el coraje de ser imperfectos, de tener compasión por ellos mismos y conectar con lo que ellos realmente son, pero sobre todo que están dispuestos a aceptar sus debilidades, se sienten altamente valorados y apreciados por ellos mismos y por los demás, mientras que las personas que no aceptan o conectan con su vulnerabilidad, sienten que no son lo suficientemente buenos o valorados. Aquí es donde se supone que yo escribo: "Yo puedo dar fe de ello".

Desde muy pequeña mis padres me inculcaron la idea de que yo era alguien muy especial. Lo que me hacía supuestamente especial era mi capacidad extrasensorial de ver y percibir otros planos de consciencia y situaciones que no eran palpables para los demás. Crecí con la idea de tener algo que pocas personas tenían y me aferré a esa creencia como un modelo de comportamiento, en el que inconscientemente pensé que no podía fallar, que tenía que ser el ejemplo a seguir y también desarrollé la creencia de que debía salvar a los demás y protegerlos de alguna forma. No me di cuenta de esto sino hasta hace pocos años, cuando caí en la cuenta de que querer proteger y ayudar a los demás era bueno, pero siempre y cuando no sintiera que era mi responsabilidad o me significara sufrimiento y angustia, lo cual era infortunadamente mi caso.

Mi reto a partir de esta creencia fue enfrentar altos niveles de estrés y un constante miedo a la pérdida, debido a eventos violentos y experiencias que ponían en riesgo la integridad física y emocional de quienes supuestamente debía cuidar, incluyéndome a mí misma. Mi mecanismo de supervivencia permanecía activado, mis niveles de exigencia conmigo misma eran altísimos y todo por creer que era especial. Mi gran lección fue aprender, que todos somos especiales de alguna u otra forma, que todos tenemos las mismas capacidades independientemente de que las hayamos desarrollado o no; comprender que podía ser vulnerable y que nada pasaba con ello me trajo paz, permitiéndome ser quien verdaderamente soy; y al liberarme de la responsabilidad de ser la protectora, me liberé enormemente de los altos niveles de estrés y preocupación, en los cuales mi cuerpo reaccionaba con una descarga de enojo ante el ataque de los otros o ante la injusticia. Ahora puedo ver coherencia, donde antes había enojo y defensa.

Nuevos estudios sociales están invitándonos a acoger la vulnerabilidad como un elemento generador de empatía y al mismo tiempo de fortalecimiento social, donde reconocemos la vulnerabilidad del otro en nuestras propias vulnerabilidades, y personalmente creo que al final del día esto nos permite ser quién verdaderamente somos y no lo que creemos que debemos ser. Hemos aprendido desde los comienzos de nuestra civilización a ser competitivos, a no mostrar nuestras debilidades y así poder sobrevivir. En la actualidad, vemos como nos agrupamos como pequeñas tribus y buscamos reafirmar lo que el líder de la tribu dice para conservar el respaldo del grupo. Cuando alguien decide disentir, abrirse a otras posibilidades, yendo en contra de los líderes, corre el riesgo de ser expulsado del grupo, ya no se le toma en cuenta, se le excluye; este es un acto riesgoso, requiere coraje para superar el temor al rechazo en busca de nuevas alternativas de vida. Por eso un nuevo y auténtico modelo de liderazgo requiere trasparencia, aceptar la vulnerabilidad ante los otros y mostrarse a sí mismo tal cual como se es. En este modelo de liderazgo, la tribu no seguiría al líder por su fortaleza física o destreza para superar los retos, sino por su autenticidad, por su capacidad de activar el poder en otros, de hacerles ver que ellos tienen las mismas capacidades para lograr lo que se propongan. El líder es un guía, no un protector.

Le pregunté a Karla por sus relaciones amorosas y qué tan satisfactorias eran. Ella respondió con una sonrisa irónica que sus relaciones terminaban incluso antes de comenzar, pues ella sabía de antemano que la relación acabaría en algún momento. Karla escogía inconscientemente relaciones que desde su origen planteaban una distancia cultural o ideológica para que sus parejas terminaran mudándose a otro país o para que las creencias religiosas terminaran por separarlos. Cuando exploramos para qué le servía este mecanismo de supervivencia, descubrimos que ella tenía miedo de ser abandonada. Tenía un programa inconsciente de no comprometerse a nada, de no tener hijos, para no repetir el dolor de no haber sido reconocida por su padre (primer abandono), el dolor de haber tenido una madre ausente (segundo abandono) y finalmente la pérdida de su madre a temprana edad (tercer abandono).

Karla establecía relaciones en las que sabía claramente qué esperar, sabía que terminarían y ya estaba preparada para ello. Su mente había creado ese mecanismo para "protegerla" de un dolor mayor e inesperado. Cuando le señalé que de cualquier forma estaba perdiendo y al final se estaba abandonando a ella misma al hacer eso, comenzó a ver las cosas de otra forma. Karla probablemente continuaba en un secuestro amigdalino debido a su traumática niñez. Desde muy pequeña fue sometida a cambios abruptos y forzados, como mudarse a otro país de un momento a otro, vivir con personas que no le eran familiar, el abandono de su madre y la hostilidad de su familia; lo que hacía estos eventos más traumáticos para ella, era que siempre que un cambio ocurría, ella corría peligro de muerte; se cayó de un árbol, casi se ahoga en un río, se cayó de un caballo y nunca recibía el apoyo necesario para recuperarse del estrés traumático de estos eventos. Karla se sobreponía por si sola.

Es asombroso lo que nuestra mente puede hacer para protegernos de lo que considera un ataque a nuestra integridad física o emocional, cuando en ocasiones necesitamos es un mecanismo de adaptación. Uno de los objetivos que trabajé con Karla fue recuperar la capacidad de dormir. Dormía pocas horas, ella decía que su mente estaba activa continuamente y difícilmente podía descansar. Durante la segunda sesión, invitando a Karla a que describiera sus sentimientos y no lo que pensaba, me confesó que ella no estaba acostumbrada a sentir, que de hecho, ella ocasionalmente hacia cosas extremas como un tatuaje o lanzarse de un bon-jin-jumping para poder recordar que era "sentir". Karla había bloqueado sus emociones debido al alto y constante nivel de dolor al que había sido expuesta.

Karla había llegado a tal punto de estrés, por todos estos eventos traumáticos y cambios abruptos, sin el apoyo y el amor de sus padres, que su manera de sobrevivir fue anestesiando sus emociones. Lo que Karla al igual que muchos no saben es que es imposible anestesiar solo las emociones negativas, una vez que anestesias el dolor, el enojo, la angustia o la tristeza también anestesias las emociones positivas como el amor, el disfrute y la alegría, porque no hay forma de sentir selectivamente, al volverte insensible a ciertas emociones te vuelves insensible a todas.

Karla desarrolló una personalidad racional con la necesidad de controlarlo todo, sus interacciones con amistades, el futuro de sus relaciones amorosas y hasta su sueño, porque se sentía tan amenazada por su entorno, que su mente le decía que debía mantenerse vigilante y por eso sufría de insomnio, incluso cuando lograba dormir, soñaba que se observaba a sí misma en el sueño, como un mecanismo para sentir que continuaba vigilándose a sí misma por si algo malo sucedía.

Karla es un ejemplo de cómo el dolor de nuestras primeras experiencias de vida y el sentirnos en riesgo, activa nuestro mecanismo de supervivencia y nos condiciona. El miedo al dolor o a ser heridos emocionalmente también nos hace tomar medidas extremas como si estuviéramos en riesgo de muerte.

Aquí yace el inconveniente de haber desarrollado un atajo en nuestro cerebro, pues aunque permite que la amígdala reciba algunas señales directamente de los sentidos para que pueda reaccionar rápidamente ante el peligro inminente, también dispara una secreción hormonal que determina nuestro comportamiento antes de que esas señales hayan sido registradas por el neocórtex, es decir nuestra parte creativa, analítica, estratégica; haciendo que tomemos decisiones sin consultarlas con los lóbulos frontales y otras zonas analíticas del cerebro pensante, llevándonos a perder el control y a decir cosas de las cuales nos arrepentimos después o nos lleva a mantenernos en un secuestro amigdalino donde hacemos cosas extremas con la intención de evitar el peligro y el dolor.

Sin embargo, el racionalizar nuestras decisiones no necesariamente significa el éxito y la felicidad, recuerden que construimos nuestra realidad a partir de nuestras interpretaciones y aunque las racionalicemos, la razón es otro filtro como nuestros sentidos, como la amígdala, simplemente parece más sofisticada y experimentada a través de la evolución, pero aunque más detallado y refinado no deja de ser un filtro más, con sus propios retos como la llamada *falacia narrativa,* que es el mecanismo de la mente que busca completar información y construir las historias más plausibles cuando no tiene todos los elementos para decidir, que entre otras cosas, solo hace la última revisión sobre lo que las emociones y la intuición ya han decidido previamente.

Más Allá de Las Emociones

Tenemos un error por corregir como humanidad. Este error tuvo lugar al comienzo de nuestra civilización cuando decidimos que debíamos agruparnos en tribus para poder sobrevivir, pero agruparnos no fue el problema, el error vino después, al creer que teníamos que competir entre tribus y comenzar a agredirnos unos a otros, marcando territorios, creando fronteras; viendo una amenaza en el otro comenzamos a crear emociones socialmente aceptadas a partir de esa concepción de tribu. Creamos la necesidad de pertenecer, de ser valorados, importantes y aceptados para no ser expulsados de la tribu pues de otra forma corríamos peligro. El impacto que esto ha tenido en nuestra sociedad actual es devastador. Tomamos las emociones primarias que habían sido desarrolladas para sobrevivir ante situaciones de riesgo y las aplicamos a nuestros familiares, compañeros de trabajo y a cualquier ser humano que piense diferente o que pertenezca a otro grupo diferente al nuestro.

El miedo cuyo objetivo era la protección y el cuidado de nuestra especie para no morir, lo convertimos en miedo a vivir. El afecto cuyo objetivo era la vinculación, la conexión, lo convertimos en un privilegio para pocos, un regalo especial para los de nuestra tribu y de aquí puede derivar nuestra falta de empatía entre otras muchas razones. La tristeza, cuyo objetivo era el retiro para volver a estar con nosotros mismos y recogernos, la convertimos en manipulación hacia el otro, para asegurarnos de que nos cuiden y que no nos abandonen. El enojo cuyo objetivo era la defensa ante un ataque inminente, lo convertimos en una manera de expresar nuestras necesidades insatisfechas y la alegría cuyo objetivo era la vivificación y la batería de nuestra existencia, la convertimos en un lugar al cual llegar, relacionándola con la idea de tener, en lugar de ser.

Como resultado de este error, todos en algún momento de nuestras vidas sentimos que no somos lo suficientemente buenos o lo suficientemente reconocidos, valorados, amados, atractivos, exitosos, inteligentes, etc, etc, etc. La lista es interminable. Esta sensación de no ser suficientes y de sentir que no importa lo que hagamos siempre nos va a faltar algo, viene justamente de ese primer error, de creer que estamos separados unos de otros y de olvidar que somos una misma especie. Este error desarrollado por el ego en nuestra mente nos dice que debemos competir por ser mejores o más especiales para adquirir valor, es parte de la creencia de que no lo tenemos, de que no valemos nada a menos de que hagamos algo para valer. Pues las estrategias que establecimos para adquirir ese valor fueron todas orientadas hacia el afuera.

Esta creencia, compartida por la humanidad, de que no valemos a menos que hagamos una serie de cosas para obtener valor nos ha llevado a creer que:

- Debemos cuidar nuestra imagen más que a nosotros mismos.
- Que entre más tengamos más valemos.
- A sacrificarnos para que vean que somos buenos, porque "el buenísimo" es aceptado.
- Que debemos hacer muchas cosas para ser reconocidos.
- Que debemos competir para sobresalir porque si no, podemos perder nuestro lugar en el mundo.
- Que debemos enfocarnos en hacer, en lugar de ser.

Al creer que no tenemos valor y querer buscarlo afuera de nosotros mismos entramos en un callejón sin salida. Nunca llegarás a alcanzar lo suficiente y siempre buscarás más porque no estarás satisfecho, buscando valor afuera de ti mismo, buscando que los demás te den el valor que solo tú mismo te puedes dar o para ser más exactos, que solo tú mismo puedes reconocer porque el valor ya es un hecho.

La solución entonces está en abandonar la estrategia del ego y dedicarte a adquirir coherencia, a SER en vez de HACER, a reconocer tu valía en ti mismo, en tu esencia, en ser quién eres y a reconocer el valor que el otro tiene por ser quien es. Esto no quiere decir que hacer cosas no sea importante, sino que harás las cosas por las razones correctas, inspirado por tu esencia y tu verdadera pasión y no por una necesidad de cuidar tu imagen o por ganar un lugar o un status en el mundo.

Cuando reconocemos que no hay necesidad de competir por un espacio o un lugar en el mundo porque este es el lugar de todos, cuando entendemos que pertenecemos a una misma tribu llamada humanidad, y comprendemos que la necesidad de defendernos del otro no es real porque no hay un ataque real, y que cada ser humano quiere ser feliz al igual que nosotros y que no hay nadie que merezca más o menos que el otro; alcanzaremos la liberación y lograremos activar la inteligencia original porque habremos llegado al amor propio con el cual nos proyectaremos en el mundo.

Considero que nos encontramos en una era de consciencia, donde nos estamos replanteando esos viejos escenarios y formas de conocernos y comprendernos, donde necesitamos aprender el lenguaje del corazón, para desarrollar una nueva inteligencia, donde estamos buscando un alineamiento entre lo que pensamos, lo que sentimos y lo que hacemos, porque la incoherencia nos está destruyendo como individuos y como humanidad. Pensamos una cosa, sentimos otra distinta y terminamos haciendo algo contradictorio, nos traicionamos a nosotros mismos.

Encontrar coherencia implica establecer puntos de conexión. Necesitamos entender nuestra autoprotección, cuáles son nuestros disparadores de emociones negativas y su origen, para poder resignificarlos. Yo tengo mi propia definición de lo que llamamos disparadores, para mi significan necesidades no resueltas. Por ejemplo: Si la justicia social es un tema que es un disparador para mí, y cuando siento que no se está haciendo justicia me genera enojo, ese enojo es una indicación de que hay una necesidad no resuelta.

Si busco de donde viene mi sensibilidad hacia ese tema en particular, puedo encontrar que quizás haya sido víctima de injusticia social en el pasado o quizás alguien a quien estimo fue víctima de esa injusticia e inconscientemente adquirí el compromiso de no permitir una injusticia más, así es como se convirtió en mi disparador en ese tema sensible que me recuerda una necesidad de justicia no atendida o no sanada. Para que este tema deje de ser sensible para mí y no dispare mi enojo, tengo que sanar la sensibilidad y ésta se sana resignificando el tema.

Es decir, si reconozco que quizá el enojo es un recuerdo por aquello que pasó y tomo consciencia de que cada vez que alguien hable de justicia social y piense diferente a mí, no está tratando de atacarme o de ser injusto conmigo o con alguien a quien quiero, sino que es una situación nueva, diferente y que el resultado no tiene que ser el mismo que recuerdo, puedo entonces crear otra conexión con el tema y el disparador disminuye o desaparece por sí solo. Vendrán otras formas de reaccionar sin condenar a la persona presente por lo que hizo alguien en el pasado. La justicia social continuará siendo un tema de interés, pero no disparará mi enojo porque dejará de ser un ataque para mí y pasará a ser una experiencia más, sin vinculación al presente o futuro.

Identificar nuestros disparadores emocionales negativos es parte primordial de la toma de consciencia, sin ese paso no podemos adquirir coherencia. Ilustrando el ejemplo anterior, la coherencia vendría a manifestarse cuando en lugar de creer que estoy enojado por la injusticia social del presente, reconozco que lo que siento es un recuerdo de algo que ocurrió en el pasado, lo que voy a sentir va a reflejar una visión del presente sin preconcepciones, y elijo conscientemente atender y sanar ese pasado para que ya no dispare emociones negativas en el presente.

Para sanar ese pasado necesito recorrer los siguientes pasos:

1. Reconozco lo sucedido, es decir identifico el evento o momento de estrés vivido.
2. Lo comprendo e identifico la decisión o compromiso consciente o inconsciente que adquirí a partir de lo que sucedió.
3. Acepto lo sucedido (es un hecho que no puedo cambiar, pero si puedo cambiar mi interpretación de lo sucedido).
4. Suelto (dejo ir) las emociones e interpretaciones sobre lo sucedido.
5. Lo integro a mi vida de una forma positiva, resignificándolo (busco lo positivo de esa experiencia, ¿Qué aprendí de ello?, ¿Qué habilidad desarrollé?, ¿Para qué me sirvió?)

El pensamiento y la emoción son energía en distintos ámbitos; desde el punto de vista biológico el pensamiento es un escenario, una posibilidad no manifestada; mientras que la emoción es una reacción fisiológica ya manifestada. Las emociones provocan pensamientos al igual que los pensamientos terminan convirtiéndose en emociones cuando son recurrentes. Estos dos determinan nuestra estabilidad o supervivencia. En otras palabras, nuestro razonamiento y emocionalidad están interrelacionados, dependen el uno del otro. Ahora, necesitamos un catalizador que neutralice estos dos aspectos que parecen ir cada uno, por su lado, construyendo las historias más plausibles desde la realidad que observamos, pero lastimosamente siempre confirmando nuestras preconcepciones y conectando con lo que ya conocemos, perpetuando así nuestro pasado, nuestros mismos puntos de vista o lo que se conoce como confirmación de prejuicios.

La clave está en tomar consciencia y trascender los condicionamientos y preconcepciones que hemos establecido anteriormente. Pero no queriendo cambiar lo que sentimos y rechazándolo, sino comprendiendo lo que siento y cultivando nuevas emociones, para que las otras mueran por inanición, lo cual conlleva una gran diferencia. NO es lo mismo enfocarte en cambiar algo negativo, que enfocarte en adquirir algo positivo, porque al decir que quieres cambiar la tristeza, sigues enfocándote en la tristeza, sigues pensando en lo triste que te sientes, y así atraes más situaciones que confirmen tu tristeza; mientras que si te enfocas en ser feliz y hacer cosas que te produzcan felicidad estarás creando nuevas conexiones neuronales para la felicidad.

Las emociones son necesarias, sin ellas nuestras decisiones serían todas iguales, no tendríamos preferencias, intereses, motivación, ni sentido de creatividad, belleza o de propósito como Mary Helen Inmordino afirma; *"Las emociones son el timón que dirige el pensamiento"*.

Entonces si la ciencia, la psicología y corrientes espirituales afirman que tener emociones positivas es benéfico para nuestra salud mental, física y emocional; ¿Por qué nos empeñamos en mantener emociones negativas y justificarlas con nuestra narrativa mental?; nos volvemos adictos a las emociones negativas sin saber que las estamos seleccionando inconscientemente. Un antídoto para esto es mantener una mente abierta y curiosa hacia lo nuevo, explorar siempre la pregunta ¿Qué tal si esto fuera de otro modo? ¿Cómo sería?, y crear a partir de ahí nuestros motivadores. En otras palabras, nos hacemos a un lado y damos paso al universo para que nos muestre otros desenlaces de la historia.

CAPÍTULO 3

EL CUARTO CEREBRO Y LA INTELIGENCIA ORIGINAL

Tenemos un cuarto cerebro que yace, de hecho, en el corazón, que es donde existe la verdadera emoción, y digo verdadera porque considero que las otras emociones originadas en la amígdala son instintos de supervivencia y memorias grabadas que se activan o desactivan según los disparadores inconscientes que hayamos creado. Esas emociones, las que hemos creado a partir del ego, son incoherentes con nuestro propósito de vida actual, pues ya no buscamos simplemente sobrevivir; y aunque estas emociones fueron valiosas en su momento, hoy van en contra de nuestra felicidad cuando generan conflicto al hacernos creer que debemos tomar comentarios o las acciones de otros como ataques personales a nuestra integridad. Mientras que la emoción original está en coherencia, porque no se experimenta si no que es lo que somos; amor.

Demos un vistazo a la inteligencia emocional para luego comprender el nacimiento de la inteligencia original.

Las primeras propuestas de Inteligencia Emocional nacen en 1990 por siquiatras como Stanley Greenspan, pero fueron los científicos John D. Mayer y Peter Salovey, quienes ahondaron en el tema y la definieron como una forma de inteligencia social que envuelve la habilidad de monitorear y diferenciar nuestros pensamientos y emociones para guiar nuestras acciones. Salovey y Mayer investigaron formas de medir esta inteligencia y determinar su impacto en la vida cotidiana. Posteriormente, el psicólogo Daniel Goleman retomaría estas investigaciones y ampliaría la definición de inteligencia emocional en un conjunto de competencias que indicarían si alguien es inteligente emocionalmente.

Estas competencias han sido descritas y ampliamente divulgadas de la siguiente forma:

Conciencia de sí mismo: Es la capacidad de reconocer lo que se siente y lo que se piensa en cada momento, además del impacto que estos tienen en sí mismo y en otros. Es la capacidad de reconocer las propias preferencias y guiar nuestra toma de decisiones, teniendo confianza en nuestras propias habilidades.

Autorregulación: Es la capacidad de manejar las emociones para que no interfieran en nuestras actividades diarias, al igual que nuestra capacidad para recuperarnos del estrés emocional.

Motivación: Es nuestra capacidad para perseguir nuestras metas y objetivos tomando iniciativa y siendo eficaces para seguir adelante a pesar de los obstáculos y frustraciones del proceso.

Empatía: Hace referencia a darse cuenta de lo que sienten las demás personas, ser capaces de empatizar (tener compasión) con ellas y cultivar relaciones interpersonales con otros.

Habilidades sociales: Es la capacidad de manejar las emociones en las relaciones, siendo asertivo interpretando de manera adecuada las situaciones y relaciones sociales, incentivando las relaciones positivas y saludables.

Para Goleman el funcionamiento de la amígdala en su interrelación con el neocórtex, es el sustento neurológico de la inteligencia emocional, y la describe como un conjunto de disposiciones o habilidades que nos permite tomar las riendas de nuestros impulsos emocionales, comprender los sentimientos más profundos en nosotros mismos y en los otros, manejar nuestras relaciones de manera armónica; teniendo la capacidad de hablar con la persona adecuada, en el grado exacto, en el momento oportuno, con el propósito justo y del modo correcto.

Todos hemos experimentado esa sensación cuando alguien dice o hace algo que nos disgusta y toca una fibra sensible en nosotros, lo sentimos en el pecho, nuestros latidos aumentan, sentimos un calor súbito que se acentúa en esta área del cuerpo o quizás apretamos la quijada. Esto sucede cuando nos estamos cerrando energéticamente hacia la persona o personas que nos han ofendido, estamos bloqueando el flujo de energía al querer desconectarnos de ese otro y perdemos coherencia interior. Sin embargo, cambiar nuestra manera natural de reaccionar ante situaciones de conflicto para expresar estas competencias emocionales no se logra simplemente racionalizando o pensando en ello. En el mejor de los casos logramos ocultar nuestras emociones negativas ante los demás y decimos frases como: "entiendo a qué te refieres o entiendo tu punto de vista, pero en realidad no lo entendemos, seguimos convencidos de tener la razón, pero lo decimos para aparentar "respeto". Creemos que adquirimos control de nuestras emociones porque no las exteriorizamos con palabras, con nuestro cuerpo o gestualidad, pero aunque las ocultemos de otros, las emociones y todo lo que sentimos continúa creciendo como un bloqueo de energía en nuestro cuerpo y en nuestro corazón. Mediante este control emocional podemos cambiar nuestro comportamiento, pero no lo que sentimos a cerca de eso que nos molesta. El conflicto continúa a nivel interno.

Yo intento ir aún más allá del planteamiento de Goleman, para acercarnos a otro tipo de inteligencia que sobrepasa lo cognitivo y lo emocional, donde no aprendemos a entender nuestros impulsos para controlarlos sino que los descodificamos y los trascendemos, los transformamos en nuestro estado original; donde no nos guían los instintos de supervivencia, ni la amígdala, ni el razonamiento, sino el aspecto transpersonal del corazón, que es nuestro estado de consciencia original y la única emoción verdadera; el amor.

Para entender el termino transpersonal, llamaremos personalidad a ese conjunto de protagonistas existentes en nuestra mente que reclaman constantemente ser dueños de nuestros actos. Una forma de describir la interacción de esos protagonistas en nuestra mente es recordar cuando asumimos roles frente a ciertas situaciones. Podemos ser los más tiernos cuando vemos la persona que amamos, convertirnos en guerreros cuando amenazan nuestro territorio y volvernos melancólicos cuando el ser al que amamos prefiere a otra persona. Todos estos roles que asumimos son arquetipos y personalidades que adoptamos para responder a situaciones similares. Entonces nos identificamos con esos roles, creemos que somos esos personajes, el malgeniado, el pesimista, el incrédulo, la víctima o el victimario, etc., pero los personajes aparecen y desaparecen en función a las circunstancias y el entorno. Cuando hablamos de lo transpersonal, hablamos del reconocimiento y la toma de consciencia de que hemos creado esos protagonistas de nuestra historia, pero que no somos esos personajes. Nosotros somos el observador detrás de esos personajes.

El verdadero yo está más allá de los personajes y los roles que creemos ser. Cuando trascendemos esos personajes y roles que creemos ser o tener, encontramos un nuevo campo de consciencia, nos ubicamos en el mundo de las posibilidades, abrimos nuestros potenciales, contemplamos estados elevados de consciencia donde no vemos ataque sino alguien pidiendo amor, donde no sentimos miedo sino paz con nosotros mismos y con los demás, donde no nos enojamos porque renunciamos a dar significados y juicios y en su lugar comprendemos. Este es pues el resultado de nuestra inteligencia original, transpersonal.

No todo en la vida se soluciona pensando, de hecho, para desarrollar nuestra autoconsciencia o consciencia de nosotros mismos, tenemos que dejar de pensar para poder desarrollar nuestra atención y percepción sensorial y extrasensorial. La autoconsciencia tiene poco que ver con pensar, tiene más que ver con sentir y ser. Por eso la frase de Descartes "pienso luego existo" donde afirma que la única forma de encontrar la verdad es mediante la razón está lejos de ser verdad para mí. Si tenemos en cuenta que nuestro razonamiento cognitivo está atado a nuestras emociones e interpretaciones de la realidad que observamos, pensar no nos llevará a la verdad universal, sino a la verdad que cada uno quiera creer y esto se comprueba con el experimento de las tres ranuras de la física cuántica que explico en mi libro "La Empatía Cuántica, la Forma de Crear Éxito y Felicidad". En este experimento se concluye que la materia y la realidad que observamos responden a las expectativas del observador, y que en últimas son nuestras expectativas lo que cambia el resultado. Por lo tanto, pensar solo nos garantiza una cosa; plasmar lo que queremos ver en el afuera.

En cambio, sentir y conectar con nuestro interior, nos ofrece la verdad de lo que somos. Percibimos el momento tal como es sin expectativas, solo lo que hay, y aceptamos lo que hay sin juzgarlo o sin quererlo cambiar, hacemos a un lado el ego y esto no quiere decir no hacer nada frente a una situación, sino hacer desde otro lugar que no son nuestros personajes ni nuestros instintos. Nos expresamos desde nuestra esencia y solo ahí nuestra auto proyección cambia. La manera más fácil que encuentro para explicar este lugar del que hablo es pensar en el escenario de un terremoto o una catástrofe natural, en esos momentos olvidamos nuestros personajes, olvidamos los rencores, las diferencias y las distancias sociales, culturales, económicas y hasta morales. Ayudamos a otros sin conocerlos, se nos despierta el amor incondicional y no tiene nada que ver con supervivencia, porque si fuera así, solo velaríamos por nuestra vida y no haríamos nada por otros, pero no ocurre así, ayudamos a otros porque en ese momento crítico la vida del otro es lo más importante. Otro ejemplo de esta esencia es cuando ayudamos a otros sin recibir nada a cambio y liberamos oxitocina en nuestro torrente sanguíneo, nos sentimos bien al ayudar a otros, por el simple hecho de ayudar, como si lo que hiciéramos por ellos lo estuviéramos haciendo por nosotros mismos, que de hecho es así.

Esta nueva propuesta de Inteligencia original, aunque puede sonar poco atractiva para las organizaciones debido a que hablar de amor no pareciera un asunto social, sino familiar o muy personal; representa, desde mi punto de vista, una de las formas más fáciles de comprendernos a nosotros mismos y a los demás, una forma consistente para trascender y evolucionar como especie sin importar el entorno en el que nos encontremos.

Desde mi experiencia como terapeuta, coach y facilitadora de programas de inteligencia emocional, puedo dar fe de que los problemas que enfrentan los empleados en las organizaciones están íntimamente relacionados a sus experiencias traumáticas o creencias arraigadas del pasado, que vienen a ser reflejadas en el ámbito laboral. Esas experiencias y retos siempre tienen raíz en un común denominador y es la creencia de que, no son valiosos y que tienen que hacer cosas extraordinarias o tener más títulos, más dinero, defenderse de aquel que les quita valor o que tienen que demostrar que saben, para ser valorados, aprobados, reconocidos respetados y amados. Por esta razón, las organizaciones se convierten en espacios competitivos donde se busca sobresalir a toda costa, pero en el fondo lo que todos buscan es recibir amor.

Por ende, creer que no es apropiado hablar de amor o traer las cuestiones familiares al trabajo, es como pedirle a un ser humano que haga que sus uñas no crezcan más, es tanto como decirles a los empleados que no tomen consciencia y que traten de resolver sus problemas sin conocer las causas. Con esto terminaremos prescribiendo soluciones que pueden quitar el síntoma, sin erradicar el problema de fondo y por consiguiente el síntoma se repetirá así movamos empleados a otros roles o así ellos cambien de trabajo e interactúen con otras personas. Nuestra realidad es interna y nos sigue a donde quiera que vayamos. La única salida es, cambiar la forma como vemos las cosas para que las cosas que vemos cambien.

Cuando tomamos decisiones guiados por todo menos por la razón, no siempre usamos los instintos de la supervivencia; en algunas ocasiones usamos nuestra Inteligencia original, un impulso compasivo que responde a nuestro verdadero origen y respeto como especie que se acentúa como una respuesta amorosa hacia el otro.

La inteligencia original requiere elevar la consciencia trascendiendo las tendencias de nuestra personalidad y adquiriendo un nuevo marco de conexiones donde no se busca valor, porque ya se tiene, donde no se busca amor, porque sabemos que lo somos, donde no necesito defenderme porque sé que es imposible ser atacado a menos que yo así lo interprete, donde comprendo que cada ser en el mundo quiere ser feliz al igual que yo, y que lo que hace o dice no lleva más que esa intención.

CAPÍTULO 4

EL NUEVO PARADIGMA

Identifiquemos entonces esta nueva Inteligencia Original, su aspecto transpersonal y su estructura.

Desde el punto de vista de la física cuántica, un pensamiento es energía e información al igual que una emoción es energía e información en movimiento. Tanto nuestros pensamientos como nuestras emociones llevan energía e información, simplemente se originan en áreas diferentes de nuestro cuerpo.

Si te pregunto ¿qué estás pensando en este momento?, seguramente buscarías en tu mente, en tu cabeza ¿verdad? pero si te preguntara que sientes, buscarías en tu corazón ¿no es así? Los pensamientos se almacenan en el cerebro, se reproducen y amplían a través de las conexiones neuronales en nuestro cerebro. Lo interesante es que a diferencia de lo que se creía, hace pocos años, el corazón también tiene neuronas y una organización muy similar a la del cerebro en nuestra cabeza. Como lo mencioné anteriormente, el neurólogo canadiense Dr. Andrew Amour descubrió una sofisticada colección de neuronas en el corazón, organizadas con un complejo sistema nervioso independiente. Este sistema nervioso del corazón posee alrededor de 40 mil neuronas llamadas neuritas sensoriales que se comunican con el cerebro de la cabeza.

Esto implica una íntima conexión y comunicación entre el cerebro y el corazón. Sin embargo, la creencia de que el cerebro dictaba lo que sentíamos ha sido desmitificada. De hecho, el corazón es el único órgano del cuerpo que tiene la propiedad de enviar más información al cerebro de la que recibe. Aproximadamente 400 veces más de lo que el cerebro de la cabeza envía al resto del cuerpo. Gracias a esos circuitos tan elaborados del corazón, este puede tomar decisiones y conducirnos a la acción sin consultar al cerebro.

El corazón puede aprender, recordar y percibir, por lo tanto, tiene una memoria independiente a la memoria mental. Esto fue demostrado durante experimentos del Instituto Heart Math donde gente fue conectada a EKG machines y otros dispositivos para medir sus respuestas. Se encontró que el corazón responde ralentizando los latidos cinco segundos antes de que una imagen significativamente estimulante apareciera. Esto indica que es la memoria del corazón la que envía la información al cerebro y luego este envía la información a nuestros intestinos para producir una respuesta en el cuerpo. Esto es diferente de lo que se denomina memoria muscular, la cual si depende de la memoria almacenada en el cerebro. Este es uno de los principales descubrimientos de la actualidad que marca un nuevo paradigma en lo que llamamos inteligencia emocional.

Existen cuatro tipos de comunicación que parten del corazón y van hacia el cerebro. El primer tipo, es la comunicación neurológica mediante la transmisión de impulsos nerviosos; que puede inhibir o activar determinadas partes del cerebro según las circunstancias. El segundo tipo, es la comunicación bioquímica mediante hormonas y neurotransmisores, con lo cual el corazón produce la hormona ANF o factor natriurético atrial, la cual asegura el equilibrio general del cuerpo: la homeostasis; el corazón aquí también inhibe la producción de la hormona del estrés y libera la hormona del amor llamada oxitocina. El tercer tipo, es la comunicación biofísica mediante las palpitaciones, a través del ritmo cardiaco y sus variaciones el corazón envía mensajes no solo al cerebro sino a todo nuestro cuerpo. El cuarto tipo de comunicación es la comunicación energética.

Se ha descubierto que el corazón tiene el campo electromagnético más potente de todos los órganos del cuerpo, llegando a ser 5.000 veces más potente que el campo electromagnético del cerebro, y este a su vez se extiende alrededor del cuerpo entre dos y cuatro metros, dependiendo de cada individuo, pero lo curioso es que los que nos rodean pueden recibir la información energética contenida en nuestro corazón y esto ya nos dice mucho a cerca de nuestra influencia interpersonal y social; incluso aunque no haya comunicación hablada, la interacción existe al nivel energético o cuántico al igual que al nivel no-local, pero no ahondaré en la no-localidad porque es un tema bastante amplio que da lugar para otro libro.

Lo más interesante es que este campo electromagnético cambia de acuerdo a las emociones que albergamos. Al igual que sucede en nuestro cerebro cuando albergamos pensamientos negativos o positivos; emociones como el enojo, el miedo, el estrés hacen que este campo pierda coherencia y orden. Mientras que emociones como el amor, la compasión y la alegría mantienen el campo en orden y armonía. Es por esto que personas como Ima Sanchís autora del libro "El maestro del corazón" concluyen que *el amor del corazón no es una emoción, es un estado de consciencia inteligente.* Y esto coincide con otras perspectivas y corrientes espirituales; el libro "Un curso de milagros" por ejemplo, dice que el amor es nuestra condición natural, es nuestro origen y que el amor en realidad no lo experimentamos, sino que es lo que somos.

Si el amor es lo que somos, y es nuestro estado de conciencia inteligente, el resentimiento tiene entonces que ser eliminado de nuestras vidas porque va en contra de lo que somos, es la antítesis de la consciencia inteligente que somos. El resentimiento nos vuelve torpes, genera incoherencia, desconexión, nos pone en modo de supervivencia y entonces no podemos crear nuevos escenarios, sino que sobrevivimos al mismo al que estamos atados, a aquel al que nos estamos condenando inconscientemente. El resentimiento nos convierte en células cancerígenas de la sociedad, comenzamos a trabajar aislados de otros y generamos problemas en el sistema familiar, social y universal.

El corazón influye en más aspectos de nuestra vida de lo que pensábamos; influye en nuestra percepción de la realidad, y quién lo diría, en nuestra forma de pensar. Nuestras reacciones están sujetas a este diálogo entre mente y corazón. El corazón es quién guía a la mente. El cerebro se sincroniza y sigue las ondas del corazón, a través de las variaciones del ritmo cardiaco. Mi pregunta siguiente es ¿basado en estos descubrimientos la objetividad viene del corazón o de la razón? ¿Existe la objetividad o deberíamos hablar mejor de coherencia?

El cerebro del corazón es la clave para salir del laberinto del inconsciente, puesto que el cerebro del corazón activa en el cerebro de la cabeza nuevos centros de percepción de un calibre superior completamente independientes, que nos pueden permitir interpretar la realidad sin apoyarnos en experiencias condicionantes del pasado o emociones prefabricadas, y actuar a partir de una consciencia pura, limpia de memorias negativas y condicionamientos, donde podemos llegar a leer la realidad desde otro lado, sin tantos filtros y paulatinamente esto puede ir creando nuevos circuitos y asociaciones neuronales que van más allá de nuestra personalidad, entrando en el ámbito de lo transpersonal. Por eso también propongo la coherencia como la nueva y real objetividad.

Este no es un libro de ciencia ficción, aunque debo reconocer que lo parece. Lo que sucede es que los últimos descubrimientos científicos de la neurología, cardiología, la física cuántica y No-local, nos acercan vertiginosamente a realidades que habían sido imaginadas y plasmadas en películas y libros de ficción en el pasado, pero que hoy hacen parte de nuestra realidad confirmada. Tal vez debamos tener más cuidado con lo que imaginamos y pensamos, pues estamos creando nuestra propia realidad.

Estudios de "The Heart Math Institute" por ejemplo han demostrado científicamente que cuando activamos el cerebro del corazón a través de la respiración rítmica o meditación, creamos un estado de coherencia, donde todo se armoniza y funciona educadamente en nuestro cuerpo. Esto se mide a través de aparatos que calculan el ritmo cardiaco y la actividad neuronal en el cerebro. Esto lo compruebo cada vez con un dispositivo que lee la coherencia del corazón llamado emWave2. Yo lo utilizo en mis talleres y con el mido la coherencia de los participantes mientras practican una respiración rítmica, esto para demostrar como una simple practica de Mindful breathing puede crear coherencia en el corazón y en el cerebro. Con la ayuda de este dispositivo puedo observar los efectos de la respiración en el ritmo cardiaco, en los estados de ansiedad, estrés y en la capacidad de resolver problemas o pensar fuera de lo común.

También activamos esa inteligencia superior cuando cultivamos emociones positivas, pero no por las emociones en sí, sino porque esas emociones positivas son lo más cercano a nuestro estado original, entre más cerca este lo que sentimos al amor incondicional, más alto vibramos y mayor coherencia desarrollamos. No en vano el biólogo, investigador en genética, fotógrafo y monje budista Matthieu Ricard ha sido declarado por científicos como el hombre más feliz del mundo. Ricard medita sobre la compasión y el amor, y dice que el secreto de la felicidad está en tomar consciencia de que no somos nuestras emociones y esta toma de conciencia hace que esas emociones pierdan fuerza paulatinamente; y la dicha entonces surge como un estado natural del ser. En Qigon por ejemplo, una técnica de auto sanación china, se dice que el 70 por ciento de nuestra energía interna se incrementa cultivando la compasión, la ayuda desinteresada y el altruismo, y el otro 30 por ciento de nuestra energía se incrementa a través de la respiración. Esto tiene sentido si tomamos en cuenta que el corazón aumenta su electromagnetismo con emociones altruistas y de amor, creando coherencia en el resto de nuestro cuerpo, y la respiración rítmica genera coherencia en el ritmo cardiaco llevando al cerebro de la cabeza a adquirir niveles elevados de claridad, creatividad y capacidad de decisión.

¿Esto quiere decir entonces que tenemos que convertirnos en monjes o en santos las 24 horas del día? No, creo que estemos muy lejos de eso. Mi propuesta es adoptar otro método de inteligencia más avanzado y sofisticado que requiere menor esfuerzo y control de nuestra parte, donde no se trata de vigilar nuestros pensamientos y emociones para controlarlos, una tarea bastante difícil para nosotros los seres humanos; la propuesta radica en que los trascendamos conectándonos con lo que verdaderamente somos, para así poder ir más allá de nuestra personalidad, reconociendo nuestras cualidades naturales de coherencia, paz, sabiduría, propósito de vida y amor.

Yo he experimentado pasar de sentirme molesta y frustrada por las actitudes de otros, a sentir amor y aceptación por ellos, y esto lo logro haciendo a un lado los personajes que he creado de mí misma y de los demás, y abriendo un nuevo lienzo mental donde dibujo y pinto libremente sin copiar de ningún lado, y donde cada línea que trazo en ese lienzo la reconozco como mía, y aunque la vea por fuera y tome las caras de las personas que me rodean, siempre las reconoceré como mías porque tengo la consciencia de que no hay otra forma de que hayan llegado ahí, a no ser que yo las haya dibujado.

Yo encuentro el libro "Un Curso de Milagros" de gran ayuda para adquirir coherencia, aunque su nombre asusta a muchos por su connotación religiosa o mágica; a mí en lo personal, no me gustan las religiones, pero este magnífico libro no habla en realidad de cómo obrar milagros, sino que se dedica a entrenar nuestra mente para corregir los errores mentales, es decir nuestras emociones y pensamientos, los cuales han surgido a partir de nuestra interpretación de la realidad, desde el lente de la mente, y las direcciones distorsionadas del miedo y el ego, y a esto le llama "milagro". En el libro se afirma que ésta es la única forma de alcanzar la coherencia interna y conocer quiénes somos verdaderamente, y a mí me ha sido de extraordinaria ayuda.

La Importancia Del Cerebro Del Corazón En Nuestra Salud

Las tres formas en las que el cuerpo se comunica son: la sensación, las emociones y la enfermedad. Como mencioné anteriormente, todos tenemos necesidades biológicas como respirar, comer, tener un lugar seguro, relaciones, etc. En circunstancias inesperadas, es posible que esas necesidades no se satisfagan y, cuando esto ocurre, produce un impacto biológico o bio-choque. Un bio-choque es el encuentro fortuito de una necesidad interna con una realidad externa que es inadecuada. Imagina que necesitas sentirte apoyado en circunstancias difíciles. Sin embargo, no hay nadie alrededor para apoyarte. Este conflicto crea una sensación en el cuerpo, como estómago vacío, dolor de espalda, tensión muscular o dolor de cabeza; Ese es el primer intento de comunicación de nuestro cuerpo para hacernos saber que existe una necesidad insatisfecha. Si no prestamos atención a esas sensaciones, para estar conscientes de lo que está experimentando nuestro cuerpo y el por qué, la sensación se transformará en una emoción como el abandono, la tristeza, la ira o la irritabilidad. Este es el segundo intento de comunicación. Cuando ignoramos esas emociones, las reprimimos y decidimos distraernos con otra cosa, tal vez evitando sentir o negando lo que está sucediendo durante algún período de tiempo, las emociones se transforman en enfermedad, y este es el último intento de comunicación del cuerpo.

Tenemos tres formas significativas de manejar las emociones: supresión, escape y expresión. La supresión es el camino más común que tomamos cuando no sabemos qué hacer con los sentimientos que experimentamos. Ponemos a un lado las emociones y tratamos de seguir funcionando en nuestra vida cotidiana. Sin embargo, las emociones que dejamos de lado continúan creciendo y se manifiestan más tarde como irritabilidad, tensión muscular, insomnio, indigestión, alergias, etc.

La mente racionaliza todo para mantener las emociones supuestamente bajo control. Para suprimir las emociones, la mente utiliza los mecanismos de negación y proyección. La negación aparece cuando tenemos culpa o miedo, reprimimos lo que sentimos y negamos su presencia dentro de nosotros. La proyección es culpar a eventos externos y a otras personas por lo que nos sucede. En otras palabras, la mente nos victimiza. Los sentimientos y emociones reprimidos buscan un flujo de salida, por lo que buscamos excusas para justificar lo que sentimos y no buscar la raíz de las emociones. Este mecanismo en psiquiatría se denomina "desplazamiento". Creemos que cierta situación nos hace enojar o entristecer, cuando en realidad estamos desplazando la ira a la situación como una forma de no asumir la responsabilidad de la emoción primaria o verdadera que está dentro de nosotros y que sólo se aviva por los eventos externos que atraemos con nuestro magnetismo. Así, la persona que teme atrae experiencias que causan miedo. La persona que está enojada por dentro está rodeada de circunstancias que lo hacen enojar más. Nos resistimos a lo que sentimos y eso da a las emociones más fuerza y poder sobre nosotros.

El mecanismo de escape para manejar las emociones se utiliza mucho hoy en día. La gente encuentra todo tipo de entretenimientos que se vuelve adictivos. Usted escapa de sus emociones comprando, jugando, viendo televisión, comiendo en exceso, consumiendo drogas, tomando alcohol, teniendo relaciones sexuales. Nada de esto reduce las emociones o las alivia, por el contrario, ellas continúan acumulándose y creciendo su energía en nosotros.

Por otro lado, tenemos el mecanismo de expresión. Este solía ser mi elección preferida hasta que entendí sus aspectos negativos. Cuando expresamos sentimientos negativos, solo dejamos salir una parte de la presión interna. Después de eso, suprimimos el resto de la emoción y la sacamos de nuestra conciencia. Verbalizar y desahogar lo que sentimos puede sonar como una buena idea para liberarnos de los sentimientos. Sin embargo, lo cierto es que la expresión propaga esa energía negativa cuando justifico mis sentimientos y daña las relaciones aún más. La comunicación es un enfoque positivo solo cuando no culpamos a los demás de lo que nos sucede. Asumir la responsabilidad de nuestras emociones es la clave para la madurez emocional.

Si experimentamos una situación estresante que es inesperada, surgen emociones y el estrés podría crear un bio-choque que frena la coherencia y la homeostasis en el cuerpo. Nos enfermamos porque dejamos de escuchar nuestro cuerpo, nuestras necesidades. Por ejemplo, nos sacrificamos por los demás, hacemos cosas porque son políticamente correctas, pero no porque sea lo que queremos hacer o lo que necesitamos decir. Lo primero que hacemos cuando nos enfermamos es tratar de deshacernos del síntoma. Por el contrario, lo único que tenemos que hacer es fluir, ser conscientes de nuestro cuerpo y nuestras emociones. Esto no significa no tomar el medicamento o no ir al médico. Significa ir al médico o tomar el medicamento al mismo tiempo que escucho lo que me dice el cuerpo y cuál es la conexión entre mi síntoma y la situación de mi vida actual.

Debemos soltar, dejar de resistir las emociones, ser conscientes de cuáles son nuestras necesidades y permitir que las emociones fluyan y se manifiesten mientras adoptamos una posición de observador. También es importante no juzgar nuestras emociones o sentimientos como buenos o malos, no querer cambiarlos o expresarlos a otros como si fueran responsables de lo que sentimos, porque eso significaría que nos hemos identificado con esas emociones. Es la resistencia y el deseo de controlar y cambiar nuestras emociones lo que las alimenta aún más. Simplemente observamos cómo la energía de esas emociones fluye y se manifiesta en nuestro cuerpo como sensaciones físicas. Entendemos su paso desde una conciencia de unidad. Observamos las emociones pasar y al no rechazarlas, esa energía continuará su curso y se apagará por sí misma mientras permanecemos en coherencia.

Para mantener la coherencia, debemos dejar de prestar atención a los pensamientos que tenemos sobre la emoción que experimentamos. Estos pensamientos solo se reproducen unos a otros. Refuerzan ideas y juicios que terminan haciéndonos creer que la emoción está justificada por cosas externas de las cuales otros son culpables. Comenzaremos a desplazar nuevamente hacia el exterior, reprimiendo la verdadera causa. Entonces, nuestras células creen esta información y terminan manifestándose en el cuerpo como una enfermedad. Debemos tener conciencia de nosotros mismos, reconociendo que es nuestra propia proyección y desplazamiento. Si estamos experimentando una fuerte sensación física, es porque hay una energía acumulada debido a la supresión consciente o inconsciente que hemos hecho de alguna emoción.

Desde un punto de vista energético, también podemos afirmar que cuando la mente no escucha los impulsos y las intuiciones del corazón, aparece la enfermedad. El cerebro de la cabeza se ve afectado por los campos magnéticos, especialmente el campo magnético del corazón. Además de eso, cuando alteramos la coherencia magnética de nuestro corazón con nuestros pensamientos negativos o emociones reprimidas, esto crea una desconexión interna. El corazón envía información al cerebro de la cabeza, alterando también su campo magnético. Esto produce una respuesta fisiológica en el cuerpo, cambiando la información de nuestras células. A través de la toma de conciencia y aceptación de nuestras emociones ocultas o reprimidas, podemos tener una mejor calidad de vida y bienestar.

Los principios de la coherencia se encuentran en la corrección de los tres errores que explicaré en el siguiente capítulo.

CAPÍTULO 5

LOS TRES ERRORES A CORREGIR

Cuando hablo de coherencia me refiero a la capacidad de hacer que lo que pensamos, lo que sentimos y lo que hacemos sean la misma cosa. Por eso me atrevo a decir que es uno de los retos más grandes para el ser humano, porque generalmente, pensamos algo, sentimos otra cosa y terminamos haciendo algo completamente diferente a las dos anteriores.

Sin embargo, el ser humano nace en coherencia. Cuando nacemos, si sentimos deseos de llorar lloramos, tenemos hambre nos alimentamos, sentimos sueño y nos dormimos, queremos tocar algo y lo hacemos. Es una coherencia innata, hacemos lo que sentimos y demandamos lo que necesitamos, y si no lo recibimos lloramos y comunicamos nuestra necesidad.

Cuando crecemos eso va desapareciendo y la mayor parte del tiempo esos tres aspectos (lo que pensamos, lo que sentimos y lo que hacemos) están desalineados, no corresponden el uno al otro, están en incoherencia y esto se debe a tres errores fundamentales:

1. Creemos que estamos separados de los otros: Desde que nos separan de nuestra madre al nacer desarrollamos esta idea de separación que en realidad solo se limita a nuestro cuerpo físico, porque energéticamente seguimos conectados y desde la perspectiva no-local somos inseparables. Sin embargo, esta creencia en la separación genera un sentimiento de soledad que se acentúa más cuando crecemos y nos individualizamos. A raíz de esto creamos la necesidad de ser aceptados, admirados y reconocidos por otros; comenzando por mamá y papá y luego lo trasladamos a la sociedad. Formamos relaciones especiales, queremos ser especiales para otros, y ese ser "especial" establece jerarquías de tal forma que ser especial para alguien implica preferencia sobre otros y así es como cultivamos la idea de estar más cerca o más unido a alguien.

Entonces inconscientemente juzgamos lo que sentimos, lo que pensamos y lo que hacemos. No nos permitimos sentir ni pensar diferente a lo que esperan de nosotros, nos da miedo ser nosotros mismos y terminamos haciendo lo que los demás esperan que hagamos o lo que creemos es nuestro deber hacer, y si en algún momento decidimos hacer lo que realmente queremos hacer, nos sentimos culpables o no nos perdonamos haberlo hecho. Corregir este error implica reconocer que no existe tal separación y que somos un reflejo constante de otros al igual que los otros son un reflejo constante de nosotros mismos. Incluso lo que tanto nos molesta de otros implica que hay una parte de mí mismo que me molesta y que en algún aspecto de mi vida yo actúo de forma similar a lo que tanto me disgusta del otro.

Es saludable expresarnos tal y como somos, renunciando a la necesidad de ser aceptados en el afuera, y esto comienza por aceptarnos y amarnos a nosotros mismos con nuestras fortalezas y debilidades. Cuando logramos esto, nuestra autoaceptación se encarga de generar la aceptación de otros como un efecto natural, inherente a la conexión que tengo en mi unión con el todo. Necesito ver al otro, sea hijo, amigo, esposo, esposa, jefe, etc., como mi maestro, del cual necesito aprender y lo más bonito de todo es que me está enseñando algo sobre mí mismo que de otro modo no podría ver. El otro termina siendo el espejo donde reflejamos nuestras sombras o las habilidades que

2. Creemos en el castigo: Estamos condicionados por experiencias del pasado (esto encierra no solo nuestras primeras experiencias, sino que incluye hasta nuestra experiencia prenatal y las experiencias de nuestros ancestros puesto que las heredamos y las guardamos como programas que se pueden activar en algún momento de nuestras vidas), por lo tanto actuamos reactivamente defendiéndonos de lo que creemos es un ataque o repetición de un hecho anterior y justificamos nuestros ataques contra otros argumentando nuestra defensa. Pero lo cierto es que nunca estamos enojados por la razón que creemos estarlo; nos enojamos porque interpretamos lo que nos sucede desde una experiencia similar del pasado y la necesidad insatisfecha pide revancha

a gritos. Corregir este error implica reconocer que el ataque es una ilusión, que si veo un ataque del otro hacia mí, es mi propia proyección o un ataque que me estoy haciendo a mí mismo a través del otro. Hay que dejar ir la necesidad de defenderme y comprender que en mi indefensión esta mi poder. Cuando me refiero a indefensión me refiero a nuestra capacidad de permanecer intactos, centrados, en coherencia, desde el entendimiento de que nadie puede realmente atacarme a menos que yo decida atacarme a mí mismo, interpretando los hechos externos como ataques reales.

Desde el punto de vista espiritual podemos decir que olvidamos quiénes somos y para qué hemos nacido, y terminamos acusando a otros de lo que pactamos nos harían cuando llegáramos aquí. Desde antes de nacer escogemos nuestra vida y experiencias a vivir, escogemos las personas que nos acompañaran en este viaje y los retos a aprender con la finalidad de recordar quienes somos, pero lo olvidamos. Corregir este error implica aceptar que el otro es mi maestro, que está enseñándome las lecciones que pactamos anteriormente; y dar gracias por las experiencias y lecciones que nos han permitido lograr a través de nuestra interacción con ellos. Cabe añadir, que el más grande despertar de consciencia generalmente viene de las experiencias más traumáticas y dolorosas de nuestra vida. El dolor emocional y físico tiene un valor excepcional en nuestro proceso evolutivo porque de otra manera no veríamos lo que necesitamos ver, ni hubiésemos volcado nuestra atención hacia ese aspecto de nuestra vida si no fuera por esa experiencia dolorosa. Esto no quiere decir que solo aprendemos a través del dolor, porque en realidad podemos aprender desde otro nivel de consciencia si estamos más despiertos.

Sin embargo, las experiencias dolorosas parecen ser uno de los caminos que más escogemos. Muchos podrán decir; si alguien me dispara con un arma, eso es un ataque real ¿no?, pero si eso sucediera, la persona que dispara no estaría disparándote a ti, sino a él mismo o a lo que tú representas en la mente de esa persona, no es un ataque hacia ti en realidad. Por otro lado, tú al recibir el disparo estas proyectando un ataque hacia ti mismo y esta persona, tu maestro, estaría reflejando tu propio enojo o agresividad. Perdonar es esencial para corregir este error y es mucho más lógico que odiar o resentir, porque perdonar nos libera del pasado nos permite vivir el presente, nos libera del castigo que nos hemos impuesto a nosotros mismos pensando que se lo hemos impuesto a otros, pero que al continuar resintiendo lo sucedido estamos perpetuando los hechos y cargando ese peso en el presente; y resulta ilógico porque terminamos haciéndonos más daño al sostener por años el mismo evento que ocurrió en un día o unas horas en el pasado. Creemos que estamos castigando al otro cuando en realidad nos estamos castigando a nosotros mismos.

Creemos en el control: Creer que tenemos el control de nuestra vida es una ilusión en la que todos caemos a diario. Creemos que controlamos nuestra vida y lo que en ella sucede haciendo cosas, trabajando, convenciendo a otros de nuestro punto de vista, juzgando si lo que hacemos es lo correcto o no, indicándole a otros que deben hacer y cómo lo deben hacer. Siempre creemos tener la razón y así vamos por la vida creyendo que lo que hacemos nosotros es lo mejor. Creemos que entre más las cosas sucedan como queremos que sucedan, más control tenemos. La ilusión del control radica en su fuente y su finalidad, nuestra fuente de control está arraigada en los primeros dos errores, la idea de separación y la idea de justicia o castigo, las cuales hemos prefabricado a partir de los prejuicios y creencias de lo que debemos llegar a ser o hacer para encajar en la sociedad, para no ser expulsados de la tribu, para ser reconocidos y aceptados. Si esta es la fuente de nuestro control, comprenderemos que no estamos controlando nada, sino que más bien estamos siendo controlados por nuestras experiencias del pasado, nuestros miedos y prejuicios que condicionan nuestras decisiones y acciones.

La finalidad del control, por otro lado, es sentirnos seguros y esto hace que el control tampoco sea sostenible. Cuando enfrentamos la primera situación imprevista o que este fuera de nuestro plan de control nos sentimos inseguros, asustados, frustrados e impotentes. Nos reusamos a aceptar lo sucedido, lo rechazamos y vamos contra corriente para recuperar el control. Creemos que sabemos lo que necesitamos, que lo conseguiremos únicamente en nuestro plan y que las únicas respuestas o cursos de acción son las que se nos ocurren, y con esto ignoramos todo un arsenal de causas y circunstancias que están actuando detrás de escena, ocasionando eventos inesperados en nuestra vida pero que se encuentran en completa coherencia con lo que está sucediendo en nuestro interior, responden a nuestras verdaderas necesidades. Hay un orden superior que organiza estos eventos y nos ayuda a generar estas oportunidades de crecimiento y autoconocimiento; yo llamo a esto la homeostasis del universo.

Corregir este error implica soltar, renunciar a la necesidad de controlar, implica aceptar y acoger con amor lo que nos suceda como si fuera nuestro invitado especial. Remplazamos el control por un deseo de fluir, de dejarnos guiar por la incertidumbre, con humildad, reconociendo que no tenemos todas las respuestas y que hay otros caminos mejores y más seguros para nuestro desarrollo integral como seres humanos; adquirimos la actitud de visitantes (que explicaré más adelante). Hacemos nuestra parte y dejamos que el universo haga la suya, y esto no quiere decir no tener metas, implica tener metas pero acoger lo que sea que nos suceda en el camino como una oportunidad para crecer y como algo que necesito ver para reconocerlo, aprenderlo, trascenderlo y finalmente integrarlo a mi vida como una lección aprendida. Así llegaremos de forma más rápida y segura a nuestras metas y ampliaremos nuestra capacidad de proyectarnos en el mundo, manifestando de manera consciente.

CAPÍTULO 6

CÓMO HACER QUE NUESTRA TRASFORMACIÓN SEA SOSTENIBLE

Lo que hace que nuestros comportamientos, emociones y reacciones sean difíciles de cambiar no es la falta de habilidades, voluntad o esfuerzo. La dificultad de hacer que la transformación sea sostenible es que enfocamos nuestros esfuerzos en el lugar equivocado y no podemos soltar los viejos patrones de comportamiento.

Hay diferentes niveles neurológicos que intervienen en el proceso de cambio humano. De acuerdo con el modelo de niveles neurológicos para el cambio y el aprendizaje de Robert Dilts, hay seis dimensiones presentes en cada experiencia humana, organizadas jerárquicamente de tal manera que cada nivel organiza y dirige las interacciones en el nivel inferior. Organizamos nuestros pensamientos y percepciones sobre el mundo y los significados que les asignamos y la forma en que respondemos a ellos en diferentes niveles de la siguiente manera.

Ambiente: También llamado **entorno**, es el ámbito temporal y espacial donde tiene lugar una cierta actividad y los personajes envueltos en dicha actividad. Neurológicamente, la percepción del ambiente está determinada por como capturamos la información del ambiente con cada uno de nuestros sentidos y el sistema nervioso periférico que recibe la información y la trasmite al cerebro de la cabeza para que genere respuestas adaptativas al entorno.

Los cambios en este nivel sirven para acompañar y reforzar los cambios realizados previamente en otros niveles superiores, pero no generan un gran efecto por sí mismos. Por ejemplo, puedo cambiar mi lugar de trabajo, pero sigo teniendo el mismo tipo de jefe controlador porque el desafío no está en el entorno, el desafío probablemente está en mi sistema de creencias.

Conductas: Estas se refieren a los comportamientos y lo que hacemos concretamente, las actitudes y las acciones que tomamos en un momento determinado. Este nivel también incluye ciertos pensamientos porque, aunque no sean tangibles o verificables por otras personas activan las mimas conexiones neuronales que si realizamos la acción, por ejemplo, neurológicamente pensar "voy a terminar con esta relación" es para nuestro cuerpo lo mismo que terminarla en la acción porque activa las mismas conexiones neuronales. Podemos querer cambiar las conductas por sí solas, pero si no cambio las creencias que las sustentas, el cambio no será sostenible. Por ejemplo, puedo intentar cambiar mi falta de autoestima, pero si no modifico las creencias que sustentan ese comportamiento como pueden ser no creerse lo suficientemente competente o bueno, el cambio no será permanente. Siempre volveré a lo que creo que es verdad. Neurológicamente este nivel trabaja con el sistema motor que dirige las acciones físicas y los movimientos conscientes.

Los cambios a este nivel pueden trasformar nuestros comportamientos al menos por ciertos periodos de tiempo y bajo determinadas circunstancias y a su vez tiene un efecto al nivel del ambiente que le rodea.

Capacidades: Se refiere a cómo hacemos las cosas, las habilidades que hemos desarrollado para llevar a cabo comportamientos o actitudes. Incluyen todas las estrategias que hemos diseñado para lograr lo que queremos, así como nuestros mapas mentales de la realidad y el reconocimiento de los recursos que debemos tener para lograr algo. Por ejemplo, desarrollamos grandes habilidades de comunicación para asegurarnos de poder expresar nuestros derechos porque nos brinda una sensación de paz y seguridad social. Por otro lado, alguien puede desarrollar grandes capacidades financieras para asegurarse de no sufrir pobreza como la que sufrió en su niñez.

Neurológicamente, este nivel implica el desarrollo de las capacidades cognitivas del sistema cortical con acciones semiconscientes que se manifiestan como grupos de comportamientos y acciones que responden a un determinado plan y mapa mental de la realidad.

Los cambios a este nivel pueden llevarnos a adquirir nuevas habilidades para aprender nuevas formas de hacer las cosas o enfrentar situaciones, e influye en los dos niveles inferiores, cambiando los comportamientos y, a su vez, el entorno en el que ocurren.

Creencias y valores: Este nivel es uno de los más complejos. Se trata de todas nuestras ideas personales y convicciones importantes. En este nivel, abrigamos todo lo que hemos aprendido a lo largo de nuestras vidas, sobre cómo deben ser las cosas, qué valoramos, cómo debemos vivir la vida y qué es lo correcto. Alcanzar un valor puede motivarnos a la acción y desarrollar capacidades para alcanzarlos. Preguntar por qué hacemos algo nos lleva a identificar nuestras creencias e identificar los valores que estamos buscando al realizar lo que hacemos. Por ejemplo, el que se dedica a acumular grados de estudio, títulos y reconocimientos con un gran deseo de sobresalir puede estar buscando el valor de la aceptación, no se siente lo suficientemente bueno o fue rechazado y busca ese reconocimiento y aceptación a través de sus logros.

Para mejorar nuestras creencias, debemos ser conscientes de ellas y aclarar de dónde vienen y cómo se desarrollaron. Solo entonces entenderemos el porqué de las cosas nos suceden a diario y entenderemos la creencia detrás de esos eventos y el valor que estamos buscando.

Las creencias y los valores son respuestas inconscientes que forman parte del sistema autónomo. Neurológicamente, las creencias están relacionadas con el sistema límbico que maneja las emociones y la memoria a largo plazo. Es por esto por lo que los eventos que recordamos de nuestras vidas son aquellos que han dejado una huella emocional. Aquello que no nos genera una emoción mas o menos fuerte, no lo recordamos con claridad. La buena noticia es que cada vez que recordamos un evento de nuestras vidas y lo compartimos con alguien lo estamos modificando a nivel neuronal, el recuerdo nunca es estático, nunca será el mismo después de ser contado y así cuando explicamos y entendemos nuestros momentos difíciles desde el modelo de Inteligencia Original; asumiendo nuestra responsabilidad e identificando la oportunidad de aprender en cada uno de ellos, nuestra interpretación de los hechos cambia positivamente.

Los cambios a este nivel tienen un gran impacto en nuestras vidas. Al transformar nuestras creencias, podemos transformar la mayoría de las experiencias de nuestra vida porque todas las conductas o actitudes tienen una creencia y un valor que las sustenta. Por ejemplo, si creo que el amor es sacrificar, todas mis relaciones tendrán algo de ese sacrificio, pero si transformo mis creencias sobre el amor, entendiendo de dónde vino esta idea de sacrificio, puedo transformar mis relaciones.

Identidad: En este nivel es donde se encuentra consolidado todos los aspectos de quienes creemos ser, todo aquello con lo que nos identificamos, y las etiquetas que en algún momento hemos asumido como nuestras hasta el día de hoy. Creemos ser tercos, malgeniados o perfeccionistas porque en algún momento lo fuimos y nos calificaron de esa forma tantas veces que decidimos asumir esa identidad. Sin embargo, siempre hay oportunidad de transcender estas etiquetas que nos hemos puesto o que hemos aceptado como nuestras, preguntándonos quienes somos verdaderamente y quienes queremos ser, con qué nos hemos identificado y con qué nos queremos identificar de ahora en adelante.

Nuestra percepción de esta identidad y cómo nos calificamos a nosotros mismos está relacionada con el sistema inmunitario, el sistema endocrino y otras funciones relacionadas al sostenimiento de la vida pues nuestra identidad comienza a darnos un lugar en el mundo.

Los cambios a este nivel repercuten en todos los inferiores y puede reorganizar aspectos de nuestra personalidad que pueden haber sido marcados o pronunciados en un momento de nuestra vida, pero que a causa de no identificarnos más con un determinado role, pierde sentido para nosotros y termina dando un cambio en nuestras creencias, comportamientos y actitudes impactando así nuestro entorno.

Hay comportamientos que se confunden con identidad, podemos llegarnos a identificar a tal punto con lo que hacemos o lo que pensamos que creemos ser eso, como cuando actuamos de forma rebelde en nuestra adolescencia y quedamos con la idea de que somos rebeldes sin causa o cuando alguien actúa con celos y alguien te dice "eres idéntico a tu padre", cuando en realidad estamos frente a reacciones pasajeras frente a un momento especifico de nuestra vida. Es por eso que en este nivel de experiencia encontramos nuestra sombra (aquellos aspectos no trascendidos de nuestra personalidad y los cuales rechazamos de nosotros mismos) y nuestro ego (aquel personaje que piensa por nosotros, la voz en nuestra cabeza)

Sistema: En este nivel se encuentra todo aquello que va más allá de la identidad, son los sistemas de los cuales formamos parte y que trascienden nuestra individualidad al igual que los sistemas mayores a los cuales pertenecen otros sistemas, como la familia perteneciendo a la sociedad, ésta perteneciendo a su vez a un país, el país al planeta, el planeta al universo, el universo a la galaxia, etc. etc.

En este nivel encontramos la razón por la cual estamos aquí y la visión real de nuestra existencia, por eso este nivel es también llamado espiritual porque es donde se encuentra aquello que existe por encima de nosotros mismos.

Este nivel está relacionado con el sistema nervioso completo de cada individuo el cual se relaciona con otros sistemas nerviosos para formar una especie de sistema nerviosos colectivo que en otras tradiciones y corrientes se le llama "inconsciente colectivo", "espíritu o mente de grupo".

La transformación que hagamos en cada uno de estos niveles transmitirá ese cambio hacia abajo, generando cambios en los niveles inferiores. A su vez los niveles inferiores tendrán una débil injerencia en los niveles superiores debido a que estos se encuentran motivados y dependen de los niveles superiores.

Cuando un conflicto se manifiesta en cualquiera de estos niveles, todos los demás niveles están implicados. Sin embargo, dependiendo de las circunstancias que vivamos será el nivel en el que nos movilicemos. Por ejemplo, cuando pasamos a la vida adulta y nos independizamos, conseguimos nuestro propio espacio y adquirimos un nuevo trabajo, estamos enfocados especialmente en desarrollar las CAPACIDADES y habilidades que me permitan adaptarme al nuevo trabajo al igual que a ser independiente. Prestamos atención al AMBIENTE cuidando las personas con las que debemos interactuar al igual que la forma en la que debemos comportarnos y nuestra CONDUCTA en esta nueva etapa de nuestra vida. Por otro lado, en determinados momentos de nuestra vida comenzamos a preguntarnos si el lugar donde trabajamos nos satisface o si creemos que merecemos algo diferente o mejor basado en nuestra IDENTIDAD y en nuestras CREENCIAS. También hay momentos en los que nos preguntamos si lo que hacemos tiene un sentido más allá de lo personal, si estamos haciendo alguna diferencia en el mundo y esto se manifiesta en el nivel ESPIRITUAL/SISTEMA.

Ahora que conocemos los diferentes niveles, podemos ver que los cambios en niveles superiores tienen mayor permanencia e influencia de transformación en nuestras vidas no solo porque los niveles superiores trabajan a niveles neurológicos más complejos, sino que adicionalmente los niveles superiores están relacionados a aspectos más internos de nuestro ser, es parte de nuestra naturaleza interior y no del entorno o de nuestro exterior y lo que ocurre a nuestro alrededor. Esto se encuentra en coherencia con lo que he señalado anteriormente sobre como nuestro mundo exterior es siempre el reflejo de nuestro mundo interior.

Entonces cuando hablamos de una verdadera transformación nuestros esfuerzos deben estar enfocados en trabajar nuestros niveles superiores, tales como nuestro propósito de vida, nuestra identidad, nuestras creencias y valores para lograr un cambio permanente y efectivo en todos los demás niveles de interacción y experiencia.

Por lo tanto, cuando hablamos de una verdadera transformación, nuestros esfuerzos deben centrarse en trabajar nuestros niveles más altos de experiencia, como nuestro propósito de vida, identidad, creencias y valores para lograr una transformación sostenible y efectiva en todos los otros niveles de interacción y experiencia.

A partir de este marco de referencia, la inteligencia original se convertiría en parte del SISTEMA o nivel ESPIRITUAL, donde una nueva conciencia transpersonal y enfoque de la vida nos llevarán a transformar todos los otros niveles de nuestra experiencia.

CAPÍTULO 7

EL MODELO DE INTELIGENCIA
ORIGINAL

A continuación, explicaré los componentes del modelo de inteligencia original y cómo podemos activar cada uno de ellos.

La Autoconsciencia

El estar físicamente despiertos no significa que estamos registrando el aquí y el ahora con todos nuestros sentidos. La actividad automática de nuestro cerebro registra todas estas cosas del presente consciente o inconscientemente, y luego las interpreta con o sin nuestra ayuda y nos dice historias sobre lo que cree está sucediendo, pero como lo mencionaba al comienzo del libro, el cerebro está diseñado para encontrar y activar mapas mentales y completar la falta de información con las historias más plausibles y conocidas que tenemos del pasado y de nuestras experiencias anteriores.

La auto consciencia es la capacidad de vivir atento a nuestros actos, sensaciones y percepciones de nuestras experiencias y las de otros, a entender nuestras emociones, pensamientos y estados del ser.

La auto consciencia se activa prestando atención, viviendo en el presente, en el aquí y el ahora. Prestando atención a lo que percibimos con nuestros sentidos en el presente a medida que las vamos experimentando en nuestro cuerpo. Todas las sensaciones corporales son importantes y nos comunican algo, pero cuando no prestamos atención a esas sensaciones y a lo que vivimos y observamos en el presente, por estar distraídos pensando en el pasado o el futuro, lo que sucede es que el cerebro automáticamente toma el control e interpreta esas experiencias desde el pasado y las integra como mejor encajen en un viejo pensamiento o una vieja costumbre.

Otra forma de activar la autoconsciencia es adoptando lo que llamo la 'actitud de visitante'. Cuando llegamos de visita a un lugar generalmente tenemos una actitud de respeto hacia el lugar que visitamos, porque no lo conocemos, sabemos que es ajeno a nosotros, no sabemos cómo movernos, cuales son los códigos de conducta y por ende nos dejamos guiar por las personas que viven allí, nos movemos con una actitud de delicadeza para no irrumpir en la dinámica y sinergia del lugar. Preguntamos qué hacer, nos movemos con curiosidad, no buscamos cambiar las cosas, sino que las aceptamos por su belleza y porque caracterizan al lugar, buscamos entender en lugar de imponer. Lo mismo ocurre cuando tomamos un nuevo trabajo en una empresa, adquirimos la actitud del visitante, del nuevo, entonces caminamos con respeto, hacemos más preguntas de lo que decimos, todo es nuevo y queremos hacer buenas conexiones y establecer buenas relaciones, no comenzamos imponiendo nuestras ideas o creyendo que sabemos cómo deben ser las cosas, sino que desde nuestra perspectiva de afuera y de visitante, escuchamos y nos dejamos guiar, preguntamos y damos nuestra opinión con humildad y sin el deseo de convencer a nadie, ni forzar nada, tan solo con el ánimo de contribuir. La actitud de visitante nos ayuda a conservar la humildad, el respeto hacia el otro y a conservar nuestro objetivo original, que es ayudar y contribuir en el mundo con nuestros dones y talentos, pero desde la humildad y la actitud de servicio.

Cuando perdemos la actitud de visitante, nuestra perspectiva y nuestro acercamiento hacia las cosas, las personas y las situaciones cambian y comenzamos a perdernos en la ambición de poder y el deseo de control; en el trabajo queremos escalar, adquirir posiciones, comenzamos a competir por un lugar, ya no lo compartimos, lo sufrimos. En las relaciones interpersonales adquirimos el deseo de control, queremos que el otro cambie y sea como esperamos que sea, perdemos la magia de la novedad, el deseo de dar lo mejor de sí, y la costumbre unida a la ilusión del 'siempre' nos hace comportarnos como si esa persona que amamos fuera a estar aquí toda la vida, dejamos de sorprenderlos y de sorprendernos y terminamos olvidando cuál era el objetivo cuando todo comenzó, cuando éramos visitantes.

Adoptar la actitud de visitante no quiere decir renunciar al arraigo o a echar raíces, por el contrario las raíces se fortalecen en nuestro interior, nos arraigamos desde nuestro interior y en nuestra coherencia, y así nos sentimos en casa donde quiera que vayamos.

A este punto es importante aclarar que nuestro atención debe estar enfocada en activar la inteligencia original y no en accionarla, pues al activarla ella trabaja por si sola. Si soy coherente y mantengo activa mi conexión con mi interior y mi estado original de amor, no necesito crear planes de acción o de respuesta para las situaciones difíciles de la vida, porque mis acciones y mis palabras corresponderán naturalmente a mi estado de coherencia. Entonces tenemos que enfocarnos en mantener nuestra coherencia y conexión interior porque la inteligencia original se encarga del resto y la accionaremos naturalmente.

Por ejemplo, si tengo una reunión de trabajo con un compañero con el que tengo mucha fricción, en lugar de preparar un plan y decirme "voy a mantenerme calmado, no diré nada, lo dejaré hablar, guardaré silencio y me controlaré para no explotar", decido enfocarme en mantenerme en coherencia, en amor, sosteniendo mi respiración y observándome con curiosidad, sin juzgar, explorando mis reacciones corporales durante la interacción y mi acercamiento hacia el otro siempre será "estoy interactuando con una parte de mi misma de la cual quiero aprender y por lo tanto lo respeto y lo valoro", lo que hago de ahí en adelante no necesito controlarlo ni planearlo todo lo contrario debo soltarlo porque saldrá bien si me mantengo en coherencia.

La Auto-proyección

Cuando hablo de auto-proyección me refiero al proceso natural y automático que ocurre a cada ser humano mediante el cual proyectamos nuestro interior hacia el exterior. Esta proyección no se limita a cosas o situaciones, sino que envuelve todo aquello que experimentamos en el afuera, incluyendo relaciones, interacciones, personas, trabajo, situación económica y de salud.

Cuando reconocemos que estamos más unidos, de lo que pensamos, con nuestro alrededor y con el otro, entendemos que el castigo no tiene sentido, que atacar al otro es ir contra mí mismo y que resentir lo que otro me hace es tanto como mirarnos al espejo y enojarnos con el espejo por ponerse frente a nosotros para mostrarnos nuestra propia imagen la cual no queremos ver. Cuando renunciamos a querer cambiar a otros, a controlar a otros "nuestros espejos", para que nos muestren solo lo que queremos ver de nosotros mismos y para que no revelen nuestras sombras, fluimos, crecemos, evolucionamos y dejamos de sufrir. La mayor parte de nuestros sufrimiento no es causada por lo que nos sucede en sí, sino por lo que pensamos sobre lo que nos sucede, por el significado que adjudicamos a lo que nos sucede y no por los hechos en sí. Por ejemplo: si alguien me miente y yo descubro la mentira, lo que me duele no es la mentira en sí, sino el hecho de sentirme engañada, pero el significado de ser engañada se lo estoy adjudicando yo, no la situación por si sola. Yo podría comprender que esa persona que me mintió me ocultó información porque tenía miedo de decir la verdad y entonces me pregunto en que parte de mi vida me estoy mintiendo a mí misma y cuál es mi temor detrás de esa falta de honestidad hacia mí misma. La mentira sigue siendo indeseable, pero en lugar de juzgar al otro y condenarlo por haberme mentido, trato de entenderlo y establezco nuevos acuerdos y de paso le doy las gracias mentalmente por mostrarme ese aspecto de mi misma que yo no había podido ver.

La Empatía Como Parte De La Auto-proyección

La empatía hace parte de la auto-proyección y aparece cuando lo que proyecto es una parte de mi misma con la que resueno. Nos sentimos inclinados a ayudar, apoyar y comprender a aquellos que se asemejan a nosotros, en sus debilidades o en sus fortalezas.

¿Quién no quiere verse bien y lucir un cuerpo saludable y atractivo? Nuestro cuerpo físico es la parte que el mundo ve, es lo obvio, lo palpable, no hay muchos mecanismos para esconder nuestros defectos y si logramos esconderlos, al final del día cuando nos miramos al espejo sabemos cuál es nuestra realidad. Lo mismo ocurre con nuestras emociones, aunque en ocasiones tratamos de esconder lo que realmente sentimos para que la gente no pueda percibir o reconocer esas emociones, al final nuestras emociones son las mismas y en algunos casos aumentan su intensidad porque nos resistimos a ellas; las emociones siguen ahí aunque tratemos de ocultarlas, ignorarlas o no prestarles mayor atención como lo explicaré mas adelante.

Como seres humanos tenemos un instinto biológico a ocultar nuestras imperfecciones, nuestra vulnerabilidad. Estamos condicionados a demostrar fortaleza y a ocultar nuestras debilidades para aparentar poder o que nada nos afecta y así no ser presa fácil. Sin embargo, estudios de la sociología indican que la vulnerabilidad es uno de los principales generadores de empatía entre seres humanos. Por ejemplo, cuando vemos a alguien en apuros o en peligro después de una catástrofe natural, instintivamente trataremos de ayudarle porque sentimos empatía.

Desde este nuevo modelo de inteligencia, cuando tenemos problemas interpersonales, conocer la vulnerabilidad del otro nos ayuda a comprenderlo y también a nosotros mismos en relación con el otro. Al final comprendemos que en el fondo la vulnerabilidad del otro es mi propia vulnerabilidad reflejada; y que tenemos más cosas en común de lo que pensamos con aquellos con los que nos reusamos a trabajar o a relacionarnos. En muchas ocasiones el rechazo hacia el otro es una forma de rechazar nuestra sombra en ellos, es decir los aspectos no trascendidos de nuestra personalidad.

Recuerdo cuando tenía alrededor de 17 años y tome la decisión de hablar con mi padre personalmente, para decirle lo mucho que yo había sufrido por su ausencia, su abandono y por las cosas que me decía las pocas veces que nos veíamos. Él vivía en otra ciudad, a unas 4 horas en auto. Yo aproveché un viaje familiar a esa ciudad, para llamarlo y decirle que quería hablar con él. Yo me había llenado de fuerzas y coraje para decirle unas cuantas verdades sobre su comportamiento y falta de cuidado hacia mí. Lo cite en un restaurante cercano. Cuando llegue él estaba algo sorprendido e intrigado sobre lo que yo tenía para decirle. Yo comencé a hablarle sin mayor rodeo, fui directo al punto. Le dije lo abandonada que me sentía, lo mucho que lo necesité durante mi niñez, y lo enojada que estaba de ver como las pocas veces que nos veíamos, él siempre tenía una historia trágica que decirme o algo malo que advertirme, llenándome de miedo y de estrés a una corta edad. Como él siempre afirmaba no ir a verme esperando tener algo de dinero, yo le dije que nunca necesite su dinero, porque gracias Dios con mi madre lo tuve todo, pero necesitaba de su cariño, su apoyo como padre.

Después de hacer mi catarsis y desahogarme por las cosas que nunca le había dicho. Mi padre comenzó a llorar como un niño, no podía parar, la tristeza en sus ojos era tal que me asuste, me conmovieron sus lágrimas. Llorando me dijo que yo tenía toda la razón, que él se había equivocado y que seguramente él estaba haciendo lo que había aprendido de sus padres, pues él había sido abandonado por mi abuelo. También me dijo que por pensar en poder ofrecerme algo económico, nunca regresaba porque siempre le iba mal. Cuando escuché su relato y vi sus lágrimas, comprendí que su dolor era el mío, pero aún más importante sentí empatía por él cuando me mostró su vulnerabilidad. Yo había ido a decirle el mal padre que era y me había encontrado con alguien más asustado y dolido que yo. En ese momento la vulnerabilidad nos conectó al nivel del corazón; la relación desde entonces cambió positivamente, ya no había nada que esconder, ya todo estaba dicho.

Paradójicamente nuestras fortalezas terminan siendo a veces nuestras propias debilidades. Es apenas lógico; pues desarrollamos fortalezas a partir de los retos que enfrentamos en la vida. Cuando sufrimos escases de dinero cuando somos niños, por ejemplo, tenemos la tendencia natural a querer superar ese reto en un futuro e invertimos una gran parte de nuestra vida tratando de solucionar ese aspecto, trabajamos para superarlo y para garantizar que no suceda de nuevo; el reto se puede superar, la persona desarrolla un capital económico suficiente para vivir cómodamente. Sin embargo, al querer garantizar que el reto, cualquiera que sea, no se presente nuevamente en nuestras vidas, ocurre algo inesperado y es que se convierte en un miedo y ese miedo es nuestra debilidad. Entonces adquirimos el dinero, pero desarrollamos miedo a perderlo; creemos que así como un día nos faltó, nos puede llegar a faltar y este miedo se convierte en tu vulnerabilidad aunque hayas logrado el objetivo final, aunque hayas superado el reto a nivel material, a nivel mental y emocional piensas en escases y esto crea una incoherencia interna y te desequilibra. Trascender esto implica soltar el pasado y regresar a nuestro origen donde solo nos ocupamos del presente.

Para entender nuestra auto-proyección cuando el conflicto aparezca debemos preguntarnos, ¿Para qué estoy proyectando esto afuera de mí? ¿Qué es lo que necesito ver?; Y cuando algo nos moleste mucho del otro, preguntarnos ¿En qué aspectos de mi vida tengo el mismo comportamiento y me juzgo por ello?; cuando enfermemos, preguntarnos ¿Cuál es la función del órgano o parte que ha enfermado y en qué parte de mi vida no estoy cumpliendo esa función? Absolutamente toda nuestra vida es una proyección de nuestro mundo interior, por eso debemos cuidar y cultivar nuestro interior primero y antes que nada. No hay nada que veamos en el afuera que no exista dentro de nosotros, porque solo vemos lo que queremos ver.

Cuando tomamos responsabilidad sobre lo que nos sucede bueno o malo, cuando renunciamos a juzgar lo que nos sucede en la vida, y las acciones de otros como buenas o malas queriendo controlar sus comportamientos y los resultados, adquirimos mayor coherencia, nos liberamos de una carga supremamente pesada, dejamos que el universo haga su trabajo, que de cualquier forma lo hace, pero al hacernos a un lado permitimos que las cosas fluyan con mayor facilidad y rapidez para que sigan su curso natural. Así somos más felices y adquirimos paz interior.

A través de la toma de consciencia, del desarrollo de la atención tomando la posición de testigos, de visitantes, observando nuestros pensamientos y emociones sin juzgarlos, quitándoles el poder que le hemos adjudicado, preguntándonos cuales son nuestros verdaderos motivadores antes de tomar acción o una decisión y entendiendo que las emociones no determinan lo que somos sino que son una experiencia más que está desarrollando talentos en nosotros, podemos alcanzar la paz interior y por consiguiente reflejarla en nuestra realidad exterior. Debemos aprender a confiar en la intuición del corazón y reconocer que el verdadero origen de nuestras reacciones emocionales y nuestros disparadores o motivadores inconscientes no están en lo que ocurre en el exterior, sino que esas reacciones emocionales se originan en nuestro interior por esas necesidades no atendidas del ayer que continúan doliendo hoy, por esas creencias arraigadas que necesitamos transformar.

La auto-proyección se activa positivamente cultivando las cualidades del corazón, es decir nuestra inteligencia original, la apertura hacia el prójimo, el escuchar y hablar desde el corazón, la paciencia, la cooperación, la aceptación de las diferencias, dejando de creer y abandonando la estrategia que tiene el ego de buscar valor afuera de nosotros y reconociendo nuestro valor intrínseco y el de los demás, sin competir por un lugar en el mundo porque ya lo tengo y comprendiendo que competir con el otro es competir contra mí mismo.

Si nos ubicamos en nuestro centro de origen desde el cual veo a cada individuo como una extensión de mí mismo, donde no hay separación entre el otro y yo, y por lo tanto amo y respeto a todos y cada uno por igual, puedo encontrar paz interior y coherencia. Los disparadores dejan de ser disparadores y dejan de molestarme porque ya pierden sentido. Por ejemplo: si antes me molestaba la arrogancia de alguien, ya no me molestará porque entenderé que hay una parte de mi vida en la que estoy siendo arrogante y me reiré de que la vida me esté mostrando eso a través del otro porque yo no lo he querido ver en mí, lo reconozco, aprendo a ser más humilde en esa parte de mi vida y así es como lo íntegro y me libero del disparador.

La coherencia en conjunto con la auto-proyección se logra viviendo desde el cerebro del corazón. En esencia, liberarse del espíritu de separación y de los tres errores o mecanismos primarios: el miedo, el deseo y el ansia de dominio o control, mecanismos que están anclados profundamente en el ser humano porque nos han servido para sobrevivir millones de años. Sin embargo, creo que es posible trascender estos condicionamientos para adaptarnos al mundo de hoy, donde el objetivo ya no es sobrevivir sino trascender.

Inspiración

Necesitamos un nuevo modelo de motivación. Por eso uso la palabra inspiración en lugar de motivación, pues la motivación está ligada a cosas y situaciones externas mientras que la inspiración se refiera a razones internas, profundas, que no desaparecen cuando algo en el exterior cambia. Las cosas que nos sorprenden y nos motivan en algún momento de nuestras vidas, paulatinamente se convierten en insatisfactorias porque nuestro deseo esta puesto en obtener cosas pasajeras, algo cada vez mejor, más grande, un cargo más alto, mayores ingresos, más bienes materiales y mayor conocimiento; y si bien esto nos impulsa momentáneamente a crecer, a continuar adelante y a mejorar, sin la coherencia se convierte en falta de apreciación por lo que se tiene, un sentimiento de vacío y desmotivación puesto que cuando obtenemos lo que queremos no nos genera la satisfacción que esperábamos; terminamos quejándonos de nuestro presente y anhelando un futuro diferente. Esta es la insatisfacción crónica de nuestros tiempos y radica grandemente en la incoherencia interna, al no tomar el tiempo para determinar y conectar con nuestro propósito de vida, al no escuchar ese llamado interior a hacer algo trascendental por el colectivo expresando nuestra esencia, nuestro talento único y quienes somos verdaderamente. Nos perdemos en la incoherencia del hacer por hacer y el tener por tener, en otras palabras, no sabemos que queremos hacer. Pensamos verde, sentimos blanco y terminamos haciendo azul.

¿Cómo satisfacer este animal de la falsa motivación que hemos creado? Si le damos de comer cada que esté hambriento se acostumbrará y querrá comer más y más, y si lo sometemos a periodos de abstinencia, el hambre le creará resentimiento y cuando obtengamos un nuevo logro, no encontrará satisfacción en ello, lo menospreciará. Parece que la única salida es encontrar la coherencia donde lo que se necesita se tiene, lo que se tiene se valora, lo que se valora se busca, lo que se busca se encuentra y cuando encontramos algo nuevo, lo acogemos no como algo mejor a lo que teníamos, sino como un complemento a lo que tenemos, en otras palabras, no se adquiere, se integra.

La inspiración en este modelo de inteligencia original, se refiere a nuestra voluntad de conectar con nuestro propósito de vida y sostener un esfuerzo e interés por realizarlo y manifestar ese propósito en nuestras acciones cotidianas. Este propósito de vida trasciende el interés personal y busca mejorar el mundo en que vivimos, no solo para nosotros sino para todos y esto no implica sacrificio, todo lo contrario, la inspiración nos lleva a ser felices haciendo lo que nos gusta mientras ayudamos a otros.

Daniel H. Pink en su libro "Drive", explica los tres aspectos que motivan al ser humano y estos son la autonomía, la maestría y el propósito. Estos tres aspectos hacen parte de este modelo de inspiración, aunque planteado desde un punto de vista más personal, donde soy libre y autónomo de proyectarme en la vida tal como lo quiero, donde crezco y desarrollo talentos a partir de los retos que enfrento en mi vida, adquiero un dominio y maestría de mis talentos a medida que los expreso y a su vez estoy llevando a cabo mi propósito de vida; aquello para lo cual he nacido.

Cuando hablo de inspiración en este nuevo modelo de inteligencia, me refiero a nuestra capacidad de conectar con un impulso transpersonal, es decir con esas razones que van más allá de lo individual y de lo pasajero de nuestra personalidad, razones que nos mueven e impulsan hacia adelante permanentemente. Esta inspiración no pasa únicamente por tener un plan de vida, lo cual es una parte importante porque necesitamos establecer unas metas a alcanzar para tener una dirección y saber hacia dónde llegaremos y por qué estamos trabajando. Sin embargo, esta inspiración también implica identificar el propósito detrás de cada experiencia que vivimos y el saber que hay un propósito detrás nos inspira a continuar adelante con la convicción de que habrá un crecimiento personal a partir de cada experiencia, incluso aquellas que nos disgusten. Así, en lugar de resistirnos a los retos y dificultades, las aceptaremos con valentía y nos inspirará el saber que detrás de esos retos hay un aprendizaje importante, que ha sido especialmente diseñado para mi crecimiento no solo personal sino grupal, familiar y social.

La Contribución

Por contribución entenderemos la capacidad que tenemos de contribuir en el mundo desde nuestros talentos innatos. Me refiero a la capacidad de conectar con nuestro propósito en la vida.

Este aspecto de la inteligencia original implica que identifiquemos cuál es nuestro talento innato, aquello que algunos llaman regalo divino o universal. Este se determina por aquello que hacemos muy bien y de manera fácil, es aquello que nos caracteriza y que nos hace únicos en nuestra contribución al mundo. Es un talento que se da de manera natural y en el cual encontramos disfrute o satisfacción y algunas veces no está conectado con nuestra profesión, sino con una capacidad de hacer o trasmitir algo hacia los demás prestando un servicio que frecuentemente no es solicitado por otros. Por ejemplo, tener gran empatía y entendimiento hacia los otros con lo cual podemos encontrarnos frecuentemente escuchando sus historias. Tener la capacidad de guiar a otros y liderarlos con lo cual frecuentemente nos podemos encontrar con gente que nos sigue o que nos pide su consejo para tomar un curso de acción. También puede ser una capacidad de ayudar a sanar a otros física o emocionalmente incluso aunque no tengamos un título de doctores o simplemente podemos ser proveedores de entretenimiento y diversión para otros y venimos a traer alegría a los que nos rodean. Cualquiera que sea nuestro regalo, debemos identificarlo para poder expresarlo con intención y tener un propósito.

Esta inteligencia nos impulsa a buscar contribuir desde cualquier lugar donde nos encontremos y desde cualquier rol que cumplamos, ya sea en nuestros trabajos, en nuestros hogares o en nuestra sociedad.

Coherencia

La coherencia es nuestro estado original y transpersonal de nuestro ser que expresa una inteligencia para mantener nuestro bienestar. La coherencia es la expresión del ritmo natural y equilibrado del corazón. Cuando desarrollamos la conciencia de unidad, permanecemos en coherencia, y la conciencia de unidad se adquiere mediante la práctica de las cuatro habilidades del modelo de inteligencia original: autoconciencia, auto-proyección, inspiración y contribución.

El campo magnético de nuestros corazones influye en otros campos magnéticos, no solo el campo magnético de otras personas, sino también el campo magnético de la tierra. Gregg Braden en su libro La Mente Fractal explica: "*Aunque no conocemos muchas cosas sobre la conciencia, hay algo que sabemos con seguridad: que se compone de energía, y que en esa energía está el magnetismo. Un creciente conjunto de investigaciones sugiere que los campos magnéticos terrestres cumplen un importante papel al conectarnos unos a otros, así como al planeta.*"

"En setiembre de 2001, dos satélites metrológicos geoestacionarios (GOES) que orbitaban alrededor de la Tierra detectaron un aumento de magnetismo global que cambió para siempre la forma en que los científicos contemplaban nuestro mundo y a nosotros mismos. El Goes-8 y el Goes-10, en las lecturas que transmiten cada 30 minutos, mostraron incrementos significativos en la fortaleza de los campos magnéticos terrestres.171 El Goes-8 detectó, a 40 000 kilómetros sobre la línea del ecuador, un incremento que alcanzó casi 50 unidades más de lo habitual 15 minutos después de que el primer avión chocara contra las Torres Gemelas, y unos quince minutos antes del segundo impacto."

Es nuestra responsabilidad mantenernos en coherencia. Cada emoción, cada pensamiento está afectando nuestros campos magnéticos, y la colección de nuestros campos magnéticos afecta nuestro entorno y el planeta. Todos somos uno.

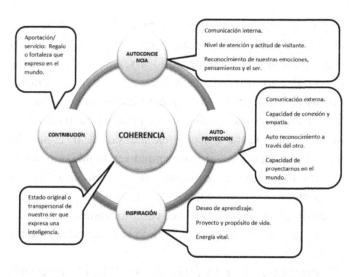

Modelo de Inteligencia Original ©

CAPÍTULO 8

PRACTICAS PARA DESARROLLAR LA INTELIGENCIA ORIGINAL

Practica 1. Respiración y Meditación

Aprender a respirar es imperativo para activar la inteligencia original. Cuando nos enfocamos en la respiración estamos conectados con el presente. Enfocarse en la respiración y desarrollar un ritmo constante, contando mentalmente mientras respiramos para que nuestras inhalaciones y exhalaciones ocurran rítmicamente, inhalando al ir contando mentalmente hasta cinco y exhalando al ir contando mentalmente hasta cinco, por ejemplo; repitiendo esto por 10 o 15 minutos mientras centramos nuestra atención en el área del corazón, logramos coherencia. Esto genera coherencia en el corazón y el ritmo cardiaco comunicando al cerebro de la cabeza apertura mental, activando la creatividad y poder de decisión.

Practica centrar tu atención en el área del corazón mientras respiras rítmicamente y recreas sentimientos de compasión, amor, fraternidad y ecuanimidad. Esto desarrolla la coherencia interior y activa el cerebro del corazón.

Meditar enfocando la atención en el presente, con todos y cada uno de nuestros sentidos sin juzgar nada como bueno o malo, correcto o incorrecto, tan solo apreciando, observando y aceptando lo que hay, sin resistirnos a nada, brinda apertura, coherencia interior, nos devuelve a un estado cero donde todo comienza de nuevo sin pasado ni futuro y las posibilidades hacia todo, simplemente aumentan.

Hay que cuidar nuestro entorno vibratorio, colaborar con otros, ayudar altruistamente a que otros sean felices, hay que disfrutar de las pequeñas cosas de la vida en el presente, donde cada respiración es una oportunidad más para vivir. Esto desarrolla la auto-consciencia.

Practica 2. Cultiva el Silencio

Hay que cultivar el silencio, explorar nuestro interior en periodos de soledad, contactar con la naturaleza, contemplar en quietud como nuestros pensamientos pasan como nubes a las que dejamos ir hasta que encontremos espacios entre pensamiento y pensamiento pues es allí donde hallaremos el silencio. Nuestro dialogo interno es intenso, tenemos alrededor de sesenta mil pensamientos al día y la mayoría son negativos, es una dinámica desgastante en la que guardamos remanentes del día anterior y creamos otros con anticipaciones e ideas a futuro. Cultivar el silencio nos ayuda a calmar este dialogo caótico para salvar energía; sin embargo, el primer error que cometemos es creer que para acallar los pensamientos hay que enfocarse en dejar de pensar y dejar la mente en blanco, esto lo único que hace es aumentar nuestros pensamientos y crea estrés y frustración. Para alcanzar el silencio interno comienza por practicar, lo que se conoce en inglés como "mindfulness", es decir no hablamos físicamente y a la vez enfocamos nuestra atención en el presente, puede ser poner toda nuestra atención en nuestra respiración y en cada aspecto y sensación que esta produce en nosotros, o puede ser enfocarnos en nuestros sentidos y las sensaciones como los sonidos, los olores, la temperatura; también puede ser enfocarse, con los ojos abiertos, en un objeto y percibirlo en su totalidad descubriendo nuevas características o aspectos que desconocíamos, lo cual logramos únicamente a través de la observación o contemplación del mismo; otra forma puede ser enfocarnos en una actividad exclusivamente, sin distracciones y poniendo completa atención a cada aspecto de esa actividad y como lo sentimos y experimentamos con nuestros sentidos. Esto hará que la mente automáticamente acalle los otros pensamientos porque está concentrada únicamente en el sonido, la respiración, la actividad o el objeto al que dedicamos nuestra atención.

Para alcanzar niveles más profundos de consciencia y silencio, practica la meditación trascendental o cualquier tipo de meditación que se centre en cultivar el silencio interno y cuando ya estés en ese silencio, pregúntate:

1. ¿Quién soy?
2. ¿Qué quiero?
3. ¿Cuál es mi propósito en la vida?
4. ¿De qué estoy agradecido?

Solo lanzas las preguntas sin preconcepciones y sin buscar una respuesta inmediata, simplemente las introduces en ese silencio de tu interior y las dejas ahí para que tu mente consciente las responda en su momento y de formas que no te imaginas. Esta práctica desarrolla la auto consciencia y la inspiración y trabaja al nivel de la identidad y el sistema.

Practica 3. Adopta La Actitud De Visitante

Sal de visita constantemente. Practicar la actitud de visitante es una elección que podemos hacer a diario y en cualquier área de nuestra vida. Pregunta más de lo que digas y hazlo con curiosidad y mente abierta para aprender, cultiva la curiosidad hacia los otros y sus motivaciones. No busques simplemente cambiar las cosas para que se parezcan más a lo que estás acostumbrado o a cómo crees que deben ser, entiéndelas y aprende de esa nueva forma de hacer las cosas y cuando no haya nada más que aprender intégrala, y si descubres que hay una necesidad real de mejorarla ofrece tu ayuda con humildad, sin imponer, sin suponer. Mira a los demás y a tu entorno con respeto porque te estas mirando a ti mismo. No trates de imponer tus ideas, vas de visita, nunca permitas sentirte lo demasiadamente cómoda como para perder el deseo de ser cuidadoso, respetuoso y dedicar tiempo de calidad a los demás. Practica la escucha activa, no fuerces nada, ni te dejes afectar por los desvíos en el camino, entiende la fuerza y energía con que las circunstancias se mueven a tu alrededor y disfruta del trayecto, del paisaje, busca entender en lugar de imponer y mantén siempre presente tu objetivo original; ¿Cuál es mi contribución en el mundo? Esto desarrolla la auto-proyección y la contribución y trabaja en los niveles de capacidades y entorno apoyando los cambios que hagamos en otros niveles superiores.

Otro ejercicio para activar la actitud del visitante es configurar una campana o alarma en su celular para que suene cada hora del día (durante las horas de vigilia) durante siete días. Cada hora cuando suene el timbre, se detendrá y pensará: "Estoy vivo, sigo vivo una hora más". Sonríe y esté agradecido por el tiempo extra que recibió por estar vivo. Haga esto cada hora durante siete días y le sucederá algo fundamental. Eventualmente, comenzarás a invertir tu tiempo en cosas que sean realmente significativas e importantes para ti. Pasamos tanto tiempo en cosas que son irrelevantes para nosotros sin darnos cuenta de que estamos desperdiciando nuestra vida. Millones de personas mueren cada día sin tener ninguna condición de salud. Se van a dormir y al día siguiente no se debilitan. Por alguna razón, pensamos que no nos va a pasar. Ser visitante implica aprovechar cada minuto de nuestras vidas, invirtiendo nuestro tiempo en las cosas que son más importantes para nosotros.

Práctica 4. Alimenta La Auto Aceptación.

Obsérvate al espejo con frecuencia y dite las cosas por las cuales te valores, ten compasión contigo mismo y reconoce tus esfuerzos sin criticar tus intentos o falta de aparentes resultados. Presta atención en qué momentos estás buscando validación de otros, por ejemplo, cuando estas esperando que te digan algo, haz una pausa y pregúntate ¿Por qué estoy esperando validación? ¿Dónde no me estoy validando a mí mismo? Reconoce tus pequeños o grandes esfuerzos y el ser merecedor de todo sin límites. Esto desarrolla la capacidad de auto proyección y trabaja al nivel de las creencias y la identidad.

Práctica 5. Observa Al Otro Como Tu Espejo.

Carga un pequeño espejo en tu bolsillo como recuerdo de que el otro es tu espejo. Desarrolla tu capacidad de empatía desde el entendimiento de que el otro, quien quiera que sea, no es más que una proyección tuya y como tal es el espejo en el cual te reflejas. Aprovecha este entendimiento observando con atención para que te conozcas a ti mismo a través del otro, y recuerda que lo que rechazas del otro es una parte que rechazas de ti mismo y lo que admiras del otro es una parte de ti mismo que no te permites exhibir o que crees no tener y pones tanto lo uno como lo otro afuera de ti para poderla observar y transcender. El objetivo al final es integrarlo todo en nuestra parte y al mismo tiempo reconocernos como parte del todo. Acepta y practica que cada cosa que ves, cada objeto, cada situación que vives, no significa nada más que lo que tú decidas que signifique, es una elección, pues las cosas por si solas solo son y carecen de significado. Esto desarrolla la auto proyección.

No existe una fórmula mágica que pueda transformar algo de una vez y para siempre. Somos energía en continuo movimiento y transformación como todo lo que nos rodea. No hay nada estático en el universo y el desafío de hoy no será el desafío del mañana. Quien soy hoy no será la persona del mañana. Además, ¿dónde estaríamos sin nuevos retos? Terminaríamos perdiendo motivación y aburriéndonos. Nuestros cerebros envejecerían rápidamente en ausencia de estímulos. Los desafíos son los que nos hacen crecer, evolucionar y reconocer quiénes somos realmente.

Lo que podemos lograr a través de la práctica de la inteligencia original y su conciencia es que, aunque los desafíos cambian, la solución es siempre sistémica, sostenible, efectiva y eficiente a través de algo que todos sabemos, pero hemos olvidado, la coherencia interna. Ahora tu trabajo es recordar y practicar.

Resumen

Propongo un nuevo modelo de inteligencia que implica recordar una inteligencia que nos ha sido dada desde antes de nuestro nacimiento, cuando estábamos en coherencia, la inteligencia original. Esta inteligencia se basa en el descubrimiento del cerebro del corazón y su capacidad de crear homeostasis no solo a nivel biológico, sino también a nivel mental, emocional y espiritual.

He descrito cuatro personalidades o formas de vivir que reflejan el uso acentuado de cada cerebro. El cerebro más antiguo en descubrirse de los tres, llamado cerebro reptiliano es el encargado de controlar las funciones más vitales del cuerpo como la respiración, la temperatura y el balance; este cerebro es el que refleja nuestras cuatro conductas motivadoras o instintivas más básicas de nuestra supervivencia tales como la alimentación, la lucha, la huida y la sexualidad o reproducción.

El estilo de vida reptiliana es rígido, básico y compulsivo. La personalidad reptiliana busca la supervivencia, satisfacer las necesidades más básicas y generalmente estas personas actúan desde uno o varios de estos cuatro motivadores que son activados por experiencias traumáticas o no resueltas de la niñez en las cuales se han sentido en riesgo, desprotegidos, abandonados o rechazados.

Por encima del reptiliano, tenemos el cerebro límbico, almacén de nuestras emociones y recuerdos. En él se encuentra la amígdala, considerada la base de la memoria afectiva. Entre las funciones y las motivaciones del límbico están el miedo, la rabia, el amor de nuestros padres, las relaciones sociales, los celos. El estilo de vida límbica es intenso, sensible y hasta dramático. Todo puede afectar a una persona de personalidad límbica negativa, se pueden tomar todo a pecho, pueden ser rencorosos, nerviosos, indecisos, depresivos y ansiosos, pues se sienten atacados frecuentemente por su entorno o por otros. En el lado positivo, también podemos encontrar personas extremadamente sensibles emocionalmente que sienten empatía y conectan fácilmente con las emociones de otros, pero si se quedan en este cerebro no podrán trascender la emocionalidad.

Después, tenemos el neocórtex o cerebro racional, que es el cual permite tener conciencia y controla las emociones, a la vez que desarrolla las capacidades cognitivas: memorización, concentración, auto-reflexión, resolución de problemas, habilidad de escoger el comportamiento adecuado, en otras palabras, es la parte consciente de la persona, tanto a nivel fisiológico como emocional. El estilo de vida racional, como su nombre bien lo dice es calculado y ecuánime. Una persona con personalidad racional es calculadora, quiere encontrar explicaciones racionales a todo lo que ve o experimenta, pueden ser incrédulos, pragmáticos, reprimen sus emociones, aborrecen el drama y llevado al extremo pueden ser insensibles o cortos de empatía.

Luego tenemos el cuarto cerebro, el cerebro del corazón, es el último en ser descubierto pero el primero en aparición biológica. Este cerebro es encargado de inhibir o activar determinadas partes del cerebro de la cabeza según las circunstancias. Controla hormonas y neurotransmisores, produce la hormona ANF o factor natriurético atrial, la cual asegura el equilibrio general del cuerpo, la homeostasis. El corazón también inhibe la producción de la hormona del estrés y libera la hormona del amor llamada oxitocina. Envía mensajes no solo al cerebro de la cabeza sino a todo nuestro cuerpo a través del ritmo cardiaco. El corazón tiene el campo electromagnético más potente de todos los órganos del cuerpo, llegando a ser 5.000 veces más potente que el campo electromagnético del cerebro de la cabeza y este a su vez se extiende alrededor del cuerpo entre dos y cuatro metros, dependiendo de cada individuo. Este campo electromagnético cambia de acuerdo a las emociones que albergamos; al igual que sucede en nuestro cerebro de la cabeza cuando albergamos pensamientos negativos o positivos. Emociones como el enojo, el miedo, el estrés hacen que este campo pierda coherencia y orden; mientras que emociones como el amor, la compasión y la alegría mantienen el campo en orden y armonía.

La personalidad corazón es compasiva, amorosa, respira en armonía, se siente parte de un todo, no culpa, sino que busca alternativas y soluciones, busca el lado positivo de las cosas, es optimista, alegre y colaborador, toma responsabilidad de sus actos, está en conexión con su interior y su propósito de vida y lo expresa con facilidad.

Cuando utilizamos un cerebro más que otros esto determina nuestro estilo de vida. El cuarto cerebro, el cerebro del corazón, constituye nuestra forma original de ser, la oportunidad de trascender nuestras limitaciones de los pensamientos, las creencias, las interpretaciones y sus respectivas emociones.

No estamos tratando de deshacernos de ningún cerebro. Nuestra intención es encontrar la homeostasis y el equilibrio entre los cuatro cerebros y usarlos sabiamente. Sin embargo, el cerebro del corazón es el catalizador que mejor regula los otros cerebros y podría transformar significativamente nuestra forma de vida.

El modelo de inteligencia original tiene cinco componentes:

1. **Coherencia**: Estado original o transpersonal de nuestro ser que expresa una inteligencia para mantener nuestro bienestar.
2. **Autoconciencia**: comunicación interna, nivel de atención y expresión de la actitud del visitante, reconocimiento de nuestras emociones, pensamientos y ego.
3. **Auto-proyección**: comunicación externa, capacidad para conectar y empatizar, auto-reconocimiento a través del otro, capacidad para proyectarnos al mundo.
4. **Inspiración**: deseo de aprendizaje, proyecto y propósito de la vida, energía vital.
5. **Contribución**: Servicio de regalo o fuerza que expreso al mundo.

Para recordar y desarrollar la inteligencia original he propuesto cinco prácticas:

Practica 1. Respiración y Meditación

Meditar enfocando la atención en el presente con todos y cada uno de nuestros sentidos, sin juzgar nada como bueno o malo, correcto o incorrecto, tan solo apreciando y observando lo que hay, brinda apertura, coherencia interior, nos devuelve a un estado cero donde todo comienza de nuevo sin pasado ni futuro y las posibilidades hacia todo simplemente aumentan. Hay que cuidar nuestro entorno vibratorio, colaborar con otros, ayudar altruistamente a que otros sean felices, hay que disfrutar de las pequeñas cosas de la vida en el presente. Esto desarrolla la auto consciencia.

Practicar centrar tu atención en el área del corazón mientras respiras rítmicamente y recreas sentimientos de compasión, amor, fraternidad y ecuanimidad desarrolla la coherencia interior y activa el cerebro del corazón.

Practica 2. Cultiva el Silencio

Cultivar el silencio, explorar nuestro interior en periodos de soledad, contactar con la naturaleza, contemplar en quietud como nuestros pensamientos pasan como nubes a las que dejamos ir hasta que encontremos espacios entre pensamiento y pensamiento, allí hallaremos el silencio. Cultivar el silencio nos ayuda a calmar el dialogo caótico para salvar energía. Para alcanzar el silencio interno comienza por practicar "mindfulness"; y así alcanzar niveles más profundos de consciencia y silencio, practica la meditación trascendental o cualquier tipo de meditación que se centre en cultivar el silencio interno y cuando ya estés en ese silencio pregúntate:

1. ¿Quién soy?
2. ¿Qué quiero?
3. ¿Cuál es mi propósito en la vida?
4. ¿De qué estoy agradecido?

Solo lanzas las preguntas sin preconcepciones ni buscando una respuesta inmediata, simplemente introduces las preguntas en ese silencio de tu interior y las dejas ahí para que tu mente consciente las responda en su momento y de formas que no te imagines. Esta práctica desarrolla auto consciencia e inspiración.

Practica 3. Adopta La Actitud De Visitante

Practicar la actitud de visitante es una elección que podemos hacer a diario y en cualquier área de nuestra vida. Pregunta más de lo que digas y hazlo con curiosidad y mente abierta para aprender, cultiva la curiosidad hacia los otros y sus motivaciones. Mira a los demás y a tu entorno con respeto porque te estas mirando a ti mismo. No trates de imponer tus ideas, vas de visita, nunca permitas sentirte lo demasiadamente cómoda como para perder el deseo de ser cuidadoso, respetuoso y dedicar tiempo de calidad a los demás. Practica la escucha activa, no fuerces nada, ni te dejes afectar por los desvíos en el camino, entiende la fuerza y energía con que las circunstancias se mueven a tu alrededor y disfruta del trayecto, busca entender en lugar de imponer y mantén siempre presente tu objetivo original, ¿cuál es mi contribución en el mundo? Esto desarrolla la auto proyección y la contribución.

Práctica 4. Alimenta La Auto Aceptación.

Presta atención en qué momentos estas buscando validación de otros, haz una pausa y pregúntate ¿Para qué estoy haciendo esto? ¿Dónde no me estoy validando a mí mismo? Esto desarrolla la capacidad de auto proyección.

Práctica 5. Observa Al Otro Como Tu Espejo.

Carga un pequeño espejo en tu bolsillo como recuerdo de que el otro es tu espejo. Aprovecha este entendimiento observando con atención para que te conozcas a ti mismo a través del otro, y recuerda que lo que rechazas del otro es una parte que rechazas de ti mismo y lo que admiras del otro es una parte de ti mismo que no te permites exhibir o que crees no tener y pones tanto lo uno como lo otro afuera de ti para poderlo observar y transcender. El objetivo al final es integrarlo todo en nosotros y al mismo tiempo reconocernos como parte del todo.

No existe una fórmula mágica que pueda trasformar algo de una sola vez y para siempre. Somos energía en continuo movimiento y transformación, al igual que todo lo que nos rodea, no hay nada estático en el universo y el reto de hoy no será el reto del mañana. Al igual que, quien soy hoy no será la persona del mañana. Además, ¿Qué fuera de nosotros si no existieran nuevos retos? Terminaríamos por perder la motivación y aburrirnos. Nuestros cerebros envejecerían rápidamente a falta de estímulos. Los retos son los que nos hacen crecer, evolucionar y conocer quiénes somos realmente.

Lo que si podemos lograr a través de la práctica de la inteligencia original y su toma de consciencia, es que a pesar de que los retos cambien la solución sea siempre sistémica, sostenible, efectiva y eficiente a través de algo que todos conocemos, pero que hemos olvidado, la coherencia interior. Ahora tu trabajo es recordar y practicar.

APÉNDICE

- Daniel H. Pink. Drive, la sorprendente verdad sobre lo que nos motiva. Libros de cabeza de río, 2009
- Jonathan Haidt. La Mente Recta: por qué la gente buena está dividida por la política y la religión. Vintage, 2012
- Mary Helen Immordino-Yang. Las Emociones, El Aprendizaje Y El Cerebro: explorando las implicaciones educativas de la neurociencia afectiva. W. W. Norton, Incorporated, 2015
- Abraham Maslow. Motivación Y Personalidad. Harper & Row, 1954
- Daniel Goleman. Inteligencia Emocional. Libros Bantam, 1995
- Brené Brown. Los Regalos De La Imperfección: Suelta a quien crees que se supone que debes ser y abraza a quien eres. Hezelden, 2010
- Carl G. Jung. El Yo Desconocido, el dilema del individuo en la sociedad moderna. Nueva biblioteca americana, 2006
- Gredd Braden, El Tiempo Fractal, Sirio, 2019
- Helen Schucman. Un Curso De Milagros. Fundación para la Paz Interior, 1976.

- Instituto de Matemáticas del Corazón. Hearthmath. org. Acceso septiembre de 2018
- Annie Marquier. El Maestro Del Corazón. Luciérnaga, 2010
- Corbera Enric. El Observador En Bioneuroemoción. El Grano De Mostaza, 2018

Otros Libros De La Autora

La Empatía Cuántica La Forma De Crear Éxito Y Felicidad

www.ginabribany.com

Printed in the United States
By Bookmasters